Combati o bom combate, acabei a carreira, guardei a fé.
(2 Timóteo 4:7)

BOAS PRÁTICAS ADMINISTRATIVAS EM COMPRAS E CONTRATAÇÕES PÚBLICAS

abdr
ASSOCIAÇÃO BRASILEIRA DE DIREITOS REPROGRÁFICOS
Respeite o direito autoral

RENATO FENILI

BOAS PRÁTICAS ADMINISTRATIVAS EM **COMPRAS** E CONTRATAÇÕES PÚBLICAS

Editora Impetus

Niterói, RJ
2016

© 2016, Editora Impetus Ltda.

Editora Impetus Ltda.
Rua Alexandre Moura, 51 – Gragoatá – Niterói – RJ
CEP: 24210-200 – Telefax: (21) 2621-7007

CONSELHO EDITORIAL:
ANA PAULA CALDEIRA • BENJAMIN CESAR DE AZEVEDO COSTA
ED LUIZ FERRARI • EUGÊNIO ROSA DE ARAÚJO • FÁBIO ZAMBITTE IBRAHIM
FERNANDA PONTES PIMENTEL • IZEQUIAS ESTEVAM DOS SANTOS
MARCELO LEONARDO TAVARES • RENATO MONTEIRO DE AQUINO
ROGÉRIO GRECO • WILLIAM DOUGLAS

Editoração Eletrônica: Editora Impetus Ltda.
Capa: Cláudio Duque
Revisão de Português: Carmem Becker
Impressão e encadernação: Markpress Brasil Indústria Gráfica Ltda

---

F333b

Fenili, Renato
Boas práticas administrativas em compras e contratações públicas / Renato Fenili. – Niterói, RJ : Impetus, 2016.
196 p. ; 16 X 23cm.

ISBN 978-85-7626-870-3

1. Administração pública – Brasil. 2. Contratos administrativos – Brasil. 3. Compras (Serviço público) – Brasil.

CDD- 342.8106

O autor é seu professor; respeite-o: não faça cópia ilegal.
TODOS OS DIREITOS RESERVADOS – É proibida a reprodução, salvo pequenos trechos, mencionando-se a fonte. A violação dos direitos autorais (Lei nº 9.610/98) é crime (art. 184 do Código Penal). Depósito legal na Biblioteca Nacional, conforme Decreto nº 1.825, de 20/12/1907.

A **Editora Impetus** informa que quaisquer vícios do produto concernentes aos conceitos doutrinários, às concepções ideológicas, às referências, a originalidade e à atualização da obra são de total responsabilidade do autor/atualizador.

www.impetus.com.br

Dedicatória

*Aos meus pais, vencedores nessa vida,
e que se foram cedo demais.*

Agradecimento

De modo geral, julgo como uma tarefa sobremaneira ingrata esgotar em poucas linhas a gratidão àqueles que serviram de inspiração no curso do desenvolvimento de uma obra. No entanto – e de forma surpreendente – tal não é o sentimento com relação a este livro. Creio que, ao longo dos anos, as parcerias foram ficando mais sólidas, as amizades, mais evidentes, e a família, mais importante.

À Giovana, por sua essência como esposa, mãe e mulher. Obrigado.

À Catarina e ao Matheus, por darem razão a tudo em minha vida.

Aos meus pais, com imensas saudades, gostaria de poder dizer que o ensino de qualidade que me disponibilizaram foi o meu melhor presente, e que farei o mesmo pelos meus filhos.

À Márcia Serôa e ao Eduardo Paracêncio, pelo exemplar trabalho conduzido na Escola Nacional de Administração Pública.

À Eda Lucas, por fazer de mim uma pessoa melhor.

Aos meus colegas de trabalho da Coordenação de Compras da Câmara dos Deputados, pela ética no exercício de suas atribuições.

Ao Henrique Sathler e ao Ricardo Alexandre Pinheiro, pelas discussões jurídicas e esclarecimentos nos últimos anos. É uma satisfação trabalhar com vocês.

À Daiane Pontes, pelo profissionalismo desvelado pelo Conselho Editorial da Impetus.

Por fim, agradeço àqueles que se preocupam, de fato, com a coisa pública. Esta obra é para vocês.

O Autor

Renato Fenili é doutorando em Administração pela Universidade de Brasília, detendo o título de Mestre, conferido pela mesma instituição. É pós-graduado em Administração Pública, pela Universidade Gama Filho. Ocupa o cargo de analista legislativo da Câmara dos Deputados, exercendo as funções de Diretor da Coordenação de Compras desde 2014. Atua como professor das disciplinas Administração Geral e Pública, Licitações e Contratos Administrativos e Administração de Recursos Materiais e Patrimoniais desde 2010, bem como é palestrante da Escola Nacional da Administração Pública. Possui títulos publicados nas áreas de Administração de Recursos Materiais e Patrimoniais e Administração Geral e Pública.

Prefácio

Diversas são as obras que, nas últimas duas décadas, lançaram-se à empreitada de aclarar as interpretações dos dispositivos insculpidos na Lei de Licitações e Contratos e demais normativos associados. Usualmente de cunho jurídico, a literatura da área – bem como congressos e seminários de agenda recorrente no setor público brasileiro – tem adotado uma ótica de definição de procedimentos, à luz do Princípio da Legalidade, restringindo-se ao foco de instrução processual, de acurado controle e de harmonia com o estado da arte da jurisprudência correlata.

Nesse bojo, imediato depreender que, em se tratando de compras e de contratações públicas, as práticas usualmente remetem ao modelo de administração burocrático, em detrimento do modelo gerencial, norteado por resultados. Tal análise remete ao asseverado por Pereira (1996, p. 11):

> Enquanto **a administração pública burocrática** se concentra no processo legalmente definido, em definir procedimentos para a contratação de pessoal, **para a compra de bens e serviços**, e em satisfazer as demandas dos cidadãos, a administração pública gerencial orienta-se para resultados. **A burocracia concentra-se nos processos, sem considerar a alta ineficiência envolvida**, porque acredita que este seja o modo mais seguro de evitar o nepotismo e a corrupção, **os controles são preventivos**, vêm *a priori*. Entende, além disso, que punir os desvios é sempre difícil, se não impossível: prefere, pois, prevenir, estabelecendo estritos controles legais. (destaques deste autor)

De fato, ao nos voltarmos a uma gestão para resultados nas aquisições públicas, imersa no modelo gerencial preconizado no Brasil desde meados da década de 1990, a questão que insurge é direta: quais os atributos, em uma compra governamental, que são basilares a **resultados** satisfatórios a seus clientes (ou à sociedade, em última instância)?

Primeiramente, traz-se à baila a **qualidade** do objeto adquirido, remetida à conformidade do produto às especificações técnicas requeridas (CROSBY,

1986), implicando a entrega "exatamente daquilo que os clientes querem, necessitam e esperam" (CRUZ et al., 2006, p. 1). Nesse enfoque, a qualidade é evidenciada como dependente de especificações acuradas, refletindo não só traços inerentes ao material adquirido (durabilidade, robustez etc.), mas também a adequação ao uso desejado.

Ao mesmo tempo em que é exigida a qualidade do objeto, a dimensão financeira não pode ser olvidada. Busca-se, assim, a prática de um **preço econômico**, implicando menor dispêndio de recursos públicos para a consecução de determinado fim. Há de se frisar que a dimensão econômica de análise não prescinde (e nem se contrapõe) à persecução da qualidade do objeto adquirido. O preço só é dito econômico quando o objeto adquirido detém a qualidade necessária a seu emprego futuro.

Sendo o pregão a modalidade de licitação predominante no cenário brasileiro nos últimos anos, a regra é o julgamento das propostas pelo critério do menor preço. Nesta seara, proceder à aquisição/contratação sem que as especificações estejam satisfatoriamente delimitadas aumenta o risco de se incorrer em desperdício de recursos públicos. É o alertado pelo Tribunal de Contas da União (BRASIL, 2010, p. 218-219):

> São exemplos de **compras realizadas** rotineiramente **pelo menor preço, sem indicação de qualquer parâmetro de qualidade, que aparentemente refletem menores gastos, mas que trazem resultados, por vezes, insatisfatórios**:
> - canetas cuja tinta resseca, vaza ou falha ao ser usada;
> - tubos de cola que têm mais água do que componente colante;
>
> [...]
>
> Por isso, é importante que o ato convocatório da licitação defina claramente critérios de análise dos produtos ofertados, os quais deverão levar em conta **fatores de qualidade, durabilidade, funcionalidade e desempenho**, dentre outros julgados necessários (destaques deste autor).

A obtenção da proposta mais vantajosa à Administração, assim propugnada pelo art. 3º da Lei nº 8.666/93, deve conjugar os atributos em comento – preço econômico e qualidade. Para Justen Filho (2011), "a maior vantagem apresenta-se quando a Administração assumir o dever de realizar a prestação menos onerosa e o particular se obrigar a realizar a melhor e mais completa prestação". Trata-se, pois, de uma relação custo-benefício, sendo mais vantajosa a proposta que impinge aos cofres públicos o menor custo e, ao mesmo tempo, confere ao setor público os maiores benefícios.

Outro atributo desejado em uma aquisição/contratação pública é a **celeridade** do rito de compra. Com processos licitatórios que não raramente atingem mais de uma centena de dias para suas conclusões (considerando--se as fases interna e externa), a morosidade vem de encontro ao melhor interesse público. A indisponibilidade de recursos materiais ou de serviços impacta negativamente o exercício da Administração, privando, em última instância, o cidadão-cliente de um serviço público de qualidade.

A mera observância à legalidade do rito licitatório não assegura a consecução dos atributos em tela – qualidade, preço econômico e celeridade do rito. Uma licitação cujos preços estimados não se mostrem um reflexo satisfatório do mercado, ou cujas especificações do objeto sejam imprecisas, apesar de não denotar necessariamente ilegalidade, demonstra significativa probabilidade de não lograr êxito. Há, pois, um espaço de atuação do administrador público, no qual urge a adoção de boas práticas, capazes de prover ferramental em prol da aquisição/contratação de objetos que efetivamente coadunem-se com uma gestão para resultados.

Em paralelo a tais atributos, insurge um paradigma ainda não completamente implementado nas compras públicas brasileiras: **as licitações sustentáveis**. Nesse modelo, o foco precípuo no preço econômico é sobremaneira flexibilizado, de sorte a catalisar a execução de uma política pública do Estado, que visa à consecução do desenvolvimento nacional sustentável.

Ao nos voltarmos ao ato de administrar – transcendendo, pois, os aspectos legais inerentes às licitações – novas variáveis devem ser consideradas. O foco ora recai sobre a tomada de decisão e as ações relacionadas à definição de objetivos e a utilização de recursos. Ademais, é o exercício da administração que define e molda os processos que serão executados no interior das organizações, bem como a estrutura departamental correspondente.

Cerne das variáveis que emergem quando da concepção de implementação de novas práticas de gestão é a cultura organizacional vigente. Usualmente relegada a segundo plano, a cultura ocupa, na presente análise, papel central – dedicando-se, inclusive, o primeiro Capítulo à discussão da relação entre cultura organizacional, práticas de gestão, inovação e desempenho no setor de compras das organizações públicas. Esforços de inovação são aqui entendidos como intrinsecamente dependentes da sensibilização da cultura da organização, sendo que esta assume contornos peculiares no caso do setor público brasileiro.

Há de se registrar, ainda sob cunho introdutório, que as práticas e as experiências apresentadas nesta obra são de certa maneira esteadas da iniciativa capitaneada pela Câmara dos Deputados, no intuito da otimização dos processos de aquisição/contratação, cujo início deu-se de modo mais proeminente há quatro anos, e que perdura até os dias atuais. Ao longo deste interstício, diversos produtos, em termos de modelagem do processo, foram concebidos, com implantação apenas parcial deles. Tal experiência será mais bem relatada no Capítulo 2, dedicado à abordagem sobre a gestão estratégica dos processos de compras no setor público.

Esta obra não deve ser interpretada como de conteúdo prescritivo. Não se trata de um manual que congrega instruções pouco flexíveis. Da mesma forma, não há a pretensão, neste livro, de se esgotar a discussão sobre a implementação de boas práticas administrativas em processos licitatórios. Almeja-se tão somente incrementar a capacidade de reflexão dos gestores, bem como fomentar este debate, para que seja incluído de forma mais contundente na agenda de gestão pública nacional.

A obra foi segmentada em oito capítulos, que abordam as temáticas centrais sensíveis a releituras de gestão, e capazes de bem sedimentar práticas sólidas e eficientes de compras públicas. Há foco proeminente no planejamento das compras públicas, em especial ao se discorrer sobre a inovação no processo de aquisições e contratações, sobre a gestão estratégica no setor de compras e sobre medidas que visam a erradicar o fracionamento de despesa. Novos paradigmas nas compras públicas são também discutidos criticamente, destacando-se as compras compartilhadas e as licitações sustentáveis.

Em adição, microprocessos críticos ao êxito do certame são abordados sob viés inovativo, guardando abordagem aprofundada com relação à elaboração e preenchimento do termo de referência e à obtenção do preço estimado. Não menos importante é a apresentação pormenorizada do modo correto de se conduzir o processo administrativo voltado às sanções administrativas decorrentes de descumprimentos de obrigações assumidas por parte do contratado, quiçá um dos ritos mais complexos inseridos no bojo da liquidação da despesa, parte derradeira do processo de compras e contratações públicas, a partir da qual podem ser extraídos ensinamentos para a realimentação do rito.

Com a segurança de que o conteúdo das próximas páginas irá promover o incremento de qualidade às licitações públicas, desejo a todos uma proveitosa leitura.

Renato Fenili
Autor

SUMÁRIO

Capítulo 1 – Inovação, Cultura, Práticas de Gestão e Desempenho no Setor de Compras 1
    1.1. Modelo de Estudo 1
    1.2. Inovação e Empreendedorismo 2
    1.3. Cultura Organizacional 5
    1.4. Desempenho 9

Capítulo 2 – Gestão Estratégica no Setor de Aquisição/Contratação: Lições Aprendidas no Caso da Câmara dos Deputados 11
    2.1. Introdução 11
    2.2. Gestão Estratégica, Gestão de Projetos e os Recursos Associados 13
        2.2.1. Gestão estratégica e gestão de projetos voltadas ao processo de aquisição/contratação 13
        2.2.2. Análise Quantitativa do Processo de Aquisições/Contratações 16
            2.2.2.1. Considerações preliminares 16
            2.2.2.2. Aspectos quantitativos a serem considerados no diagnóstico 17
                2.2.2.2.1. Identificação dos maiores clientes 17
                2.2.2.2.2. Relação quantitativa de processos por rito de aquisição/contratação 18
                2.2.2.2.3. Gastos efetuados por modalidade de compra 19
                2.2.2.2.4. Incidência de pedidos, por subelemento de despesa 19
                2.2.2.2.5. Interstício demandado por processos, categorizados por subelemento de despesa 20
                2.2.2.2.6. Influência da ação das unidades administrativas no tempo demandado pelo processo de aquisição/contratação 21
        2.2.3. Óbices na condução da gestão de projetos voltados ao processo de aquisição/contratação 23
    2.3. As lições aprendidas 25

Capítulo 3 – Termo de Referência Eletrônico e a Instrução de Processos de Aquisição/Contratação 29
    3.1. Introdução 29
    3.2. Projeto Básico e Termo de Referência 35
    3.3. Modelo de Termo de Referência e Preenchimento em Processos de Aquisição/Contratação 37
        3.3.1. O termo de referência eletrônico 41
    Anexo I 45
    Anexo II 52

Capítulo 4 – Estimativa de Preços em Processos Licitatórios 57
    4.1. Introdução 57
    4.2. Os Conceitos de Preço Estimado e de Mercado 57
    4.3. Orientações Legais e Jurisprudenciais para a Obtenção do Preço de Mercado 59
    4.4. Boas Práticas Administrativas na Obtenção do Preço Estimado em Licitações 66
        4.4.1. Fontes de pesquisa 66
        4.4.2. Métodos estatísticos empregados no cálculo do preço estimado 71
    4.4.2.1. Medidas de Posição 71
    4.4.2.2. Medidas de Dispersão 72
    4.4.2.3. Distribuição Estatística 73
    4.4.2.4. Possibilidades em Termos de Tratamento Estatístico dos Preços Coletados 74
        4.4.3. O prazo de validade de uma pesquisa de preços 79
        4.4.4. Ferramentas disponíveis no mercado para a estimativa de preços 80

Capítulo 5 – O planejamento e o Controle do Fracionamento de Despesas nas Aquisições e Contratações públicas 83
    5.1. Introdução 83
    5.2. O Conceito de Fracionamento de Despesa 84
    5.3. Em Busca da Definição de Bens e Serviços de mesma Natureza 86
    5.4. A Verificação e o Planejamento das Aquisições/Contratações como forma de se evitar o Fracionamento de Despesa 90
    5.5. Proposta para o Controle de Fracionamento de Despesa 95

Capítulo 6 – Compras Compartilhadas na Administração Pública: Análise Mercadológica e os Problemas do Nível de Análise 99
    6.1. Introdução 99
    6.2. Conceito 99
    6.3. Iniciativas de Destaque nas Compras Compartilhadas 102

6.3.1. A experiência do instituto de pesquisas Jardim Botânico do Rio de Janeiro 102
6.3.2. O registro de preços nacional (RPN) 102
6.4. Análise das Compras Compartilhadas à Luz dos Princípios Licitatórios 104
6.4.1. Seleção da proposta mais vantajosa *versus* desenvolvimento nacional sustentável 104
6.4.2. Competitividade *versus* isonomia: análise mercadológica 105
6.5. O Problema do Nível de Análise 107
6.6. Considerações Finais 109

Capítulo 7 – Licitações Sustentáveis: Boas Práticas e Barreiras de um Paradigma (ainda não) Vigente 111
7.1. Introdução 111
7.2. Os Conceitos de Desenvolvimento Sustentável e de Licitação Sustentável 112
7.3. Regulamentações e Práticas de Gestão em Prol do Desenvolvimento Sustentável Mediante as Compras Públicas 116
7.3.1. O tratamento diferenciado às micro e pequenas empresas 118
7.3.2. Guias práticos de licitações sustentáveis, com foco ambiental 121
7.3.3. Exigência de processos de logística reversa 123
7.4. Óbices na Implementação do Paradigma das Licitações Sustentáveis 124
7.4.1. Aspectos informativos 124
7.4.2. Aspectos legais e principiológicos 125
7.4.3. Aspectos organizacionais 125
7.4.4. Aspectos financeiros e de disponibilidade de mercado .. 126

Capítulo 8 – Boas Práticas na Gestão de Sanções Administrativas Relativas às Contratações Públicas 131
8.1. Introdução 131
8.2. As Sanções Administrativas na Legislação sobre Licitações e Contratos 134
8.2.1. Advertência 135
8.2.2. Multa 135
8.2.3. Suspensão de participação em licitação e impedimento de contratar com a Administração 138
8.2.4. Declaração de Inidoneidade 141
8.2.5. Impedimento de licitar e de contratar com a esfera federativa e descredenciamento no Sicaf ou sistemas semelhantes 145
8.3. Questões Práticas (e controversas) sobre Sanções Administrativas 149

- 8.3.1. Há discricionariedade por parte do gestor público na aplicação das sanções?.................... 149
- 8.3.2. Um histórico negativo de uma empresa, em termos de sanções, pode ser considerado para fins de inabilitação em licitação?.................... 150
- 8.3.3. É possível prorrogar, a pedido da contratada, um prazo de entrega que já se exauriu?.................... 151
- 8.3.4. Os contratos administrativos das empresas apenadas com suspensão, impedimento ou inidoneidade podem ser prorrogados?.................... 152
- 8.3.5. As sanções de suspensão, declaração de inidoneidade (Lei nº 8.666/93) e impedimento (Lei nº 10.520/2002) devem ensejar o cancelamento de ata de registro de preços vigente?.................... 152
- 8.3.6. Cabem as sanções da Lei nº 8.666/93 no caso de Pregão?.................... 155
- 8.4. A Instrução do Processo Administrativo de Sanção: Estudos de Caso.................... 156

Referências 171

Capítulo 1
Inovação, Cultura, Práticas de Gestão e Desempenho no Setor de Compras

Ainda sob o escopo introdutório desta obra, é de relevância a discussão acerca das variáveis que são trazidas à baila quando o foco sobre as compras públicas volta-se à sua gestão.

Desta sorte, neste Capítulo será inicialmente apresentado um modelo teórico subjacente ao presente estudo, que relaciona inovação, práticas de gestão, cultura e desempenho no setor de compras/contratações dos órgãos públicos brasileiros. Em seguida, discorrer-se-á sobre tais conceitos, relacionando-os à realidade dessas unidades administrativas.

1.1. MODELO DE ESTUDO

A problemática que circunda esta obra recai sobre a seguinte questão: Como se dá a relação entre a inovação no processo de compras/contratações públicas e o seu desempenho?

O objetivo decorrente é a proposição de práticas de gestão, representativas da citada inovação, e a elucidação de seus impactos no desempenho do processo licitatório. O modelo que subjaz o presente estudo é representado na Figura 1.

Figura 1. Modelo de estudo.

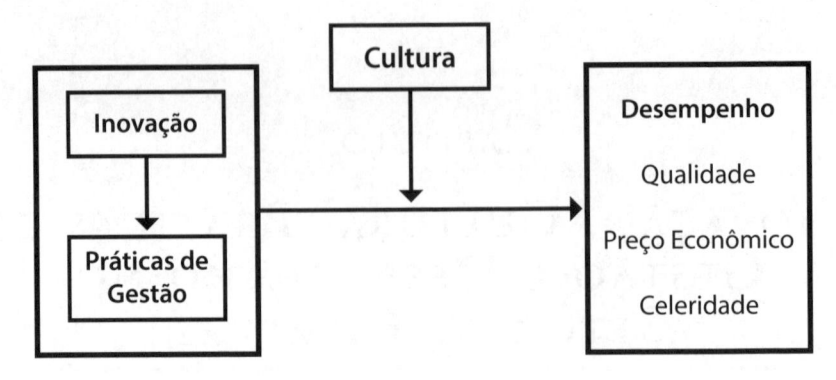

```
                    ┌─────────┐
                    │ Cultura │
┌──────────────┐    └────┬────┘    ┌──────────────┐
│  Inovação    │         │         │  Desempenho  │
│     │        │         │         │              │
│     ▼        │         ▼         │  Qualidade   │
│  Práticas de │─────────────────▶ │ Preço Econômico │
│   Gestão     │                   │              │
│              │                   │  Celeridade  │
└──────────────┘                   └──────────────┘
```

Fonte: elaborado pelo autor.

No modelo em pauta, concebem-se as práticas de gestão como variáveis independentes, sendo a variável dependente o desempenho do processo, desdobrado nos atributos de qualidade do objeto adquirido/contratado, do preço econômico e da celeridade do rito. Cultura, no modelo, é entendida como uma variável moderadora, passível de afetar o sentido e/ou a força entre uma variável preditora (práticas) e a dependente (desempenho) (BARON; KENNY, 1986).

Com esta lógica, os capítulos subsequentes serão voltados à apresentação e à análise de distintas práticas de gestão que respondem pela inovação no processo de compra/contratação, aclarando-se o potencial impacto nos atributos de desempenho.

Preliminarmente, contudo, os elementos do modelo de estudo serão discutidos nas próximas seções.

1.2. INOVAÇÃO E EMPREENDEDORISMO

Muitas são as maneiras de se conceituar inovação. Para os presentes propósitos, considera-se a definição oferecida pela Organização para a Cooperação e Desenvolvimento Econômico (OCDE) e registrada no Manual de Oslo, segundo a qual inovação é "a implementação de um produto (bens ou serviços) novo ou significativamente melhorado, **ou um processo**, ou um novo método de marketing, ou um novo método organizacional nas práticas de negócio, na organização do local de trabalho ou nas relações externas" (OCDE, 2005, p. 55, destaque deste autor).

As vantagens da adoção desta definição são, segundo Chetty e Stangl (2010, p. 1.728), sua capacidade de, ao mesmo tempo, espelhar uma "abordagem holística para inovação" e "ter profundidade suficiente para classificar inovações de acordo com produtos, processos, marketing ou tipologias organizacionais".

Evidenciam-se semelhanças entre a conceituação em pauta e a oferecida por Schumpeter (1983). Para esse autor, inovar significa realizar novas combinações de meios produtivos, englobando-se os seguintes casos: (1) introdução de um novo bem (ou de uma nova qualidade do bem) ainda não familiar aos consumidores; (2) introdução de um novo método de produção; (3) abertura de novo mercado, em que o produto de determinada indústria não tivera acesso antes; (4) domínio ou usufruto de nova fonte de oferta de matérias-primas ou de bens semimanufaturados e (5) reorganização de uma indústria, com a decorrente trustificação ou ruptura de uma posição de monopólio.

Segundo Lima e Vargas (2012, p. 386), "os estudos sobre inovação são parciais ao se voltarem quase exclusivamente para a análise desse fenômeno em firmas de regulação de mercado". De fato, usualmente a abordagem da inovação salienta sua estreita relação entre inovação e capitalismo, conforme registrado por Schumpeter (1984). Para esse autor (1984, p. 112), a inovação é a força motriz que impinge um caráter evolutivo à máquina capitalista, sendo decorrente de "novos bens de consumo, novos métodos de produção ou transporte, dos novos mercados, das novas formas de organização industrial que a empresa capitalista cria". Merecedora de destaque é a visão de que na concorrência atrelada à inovação repousa o cerne do processo de "destruição criadora", denominação empregada por Schumpeter (1984) ao referir-se à contínua revolução da estrutura econômica, na qual novas combinações substituem antigas, e posições de mercado (oligopolistas ou monopolistas) não detêm caráter permanente "devido às incessantes atividades tecnológicas realizadas por outras firmas" (GONÇALVES, 1984, p. 106).

Em que pese a usual restrição da associação da inovação ao setor privado, tal fenômeno é da mesma forma imprescindível no setor público, consoante análise de Drucker (1987, p. 245):

> **As instituições de serviços públicos, tais como órgãos governamentais**, sindicatos trabalhistas, igrejas, universidades, escolas, hospitais, organizações comunitárias e beneficentes, associações profissionais e comerciais, e semelhantes **precisam ser tão inovadoras e empreendedoras como qualquer negócio**. (destaques deste autor)

Ao transpormos o esforço de inovação ao setor público, as especificidades desta esfera devem ser consideradas, moldando a ação de empreender em função das características inerentes à gestão governamental.

A gestão pública empreendedora não visa à maximização do lucro, em contradição à gestão privada. O intuito é a promoção da eficiência e a melhoria da prestação de serviços públicos, sendo o empreendedorismo entendido como um processo de criação de valor para os cidadãos (MORRIS; JONES, 1999).

Uma vez entendido o empreendimento como um esforço no sentido de inovar, a criatividade na combinação dos recursos (de acordo com a concepção de Schumpeter) passa a ser uma das principais competências do empreendedor. No entanto, o exercício da criatividade, no setor público, é limitado pela estrita observância dos preceitos legais, em obediência ao Princípio da Legalidade. De forma geral, são três os fatores que dificultam a plenitude da inovação no setor público, evidenciados no quadro a seguir:

Quadro 1. Barreiras à inovação no setor público

BARREIRAS À INOVAÇÃO NO SETOR PÚBLICO	
BARREIRA	**DESCRIÇÃO**
O Princípio da Legalidade	Ao setor público só cabe a execução daquilo estritamente previsto em normas legais. Desta forma, a inovação inerente ao empreendedorismo é mais cerceada, se comparada com a realidade da iniciativa privada.
Limitação de recursos	Empreender e inovar consomem recursos, sejam eles de pessoal ou financeiros. Tendo em vista que a limitação orçamentária e de funcionários públicos é a realidade em muitos órgãos públicos, os escassos recursos acabam por serem consumidos em atividades operacionais, não restando disponibilidade para seu emprego em atividades empreendedoras.
Cultura organizacional[1]	A cultura organizacional não é algo que se muda facilmente, ou em curto espaço de tempo. Há usualmente uma **inércia cultural**, que se perpetua e que somente é gradualmente transformada. No caso brasileiro, o serviço público foi marcado por uma cultura (disfuncionalmente) burocrática na maior parte do século XX (cerca de seis décadas), sendo que ainda há traços severos de práticas excessivamente burocráticas nos dias de hoje. Estruturar uma cultura gerencial empreendedora, voltada a resultados, é um esforço conduzido na Administração Pública do Brasil desde meados da década de 1990, e que ainda carece de avanços.

Fonte: FENILI (2014)

Dos fatores constantes do Quadro 1, entende-se que a observância ao Princípio da Legalidade é pressuposto à ação do administrador público, não cabendo flexibilizações no exercício da gestão. Da mesma forma, eventuais

---
[1] Os elementos culturais que se moldam como barreiras à inovação serão apresentados mais adiante, neste Capítulo (ver Quadro 3).

suplementações de recursos (orçamentários e de pessoal) usualmente são discutidas em nível político, transcendendo, pois o escopo desta obra.

Nada obstante, a cultura organizacional é fator de atenção – em termos de gestão – ao se proporem inovações em processos de trabalho. Age como variável moderadora, podendo contrapor-se ou agir como facilitadora ao empreendedorismo, ocupando, pois, lugar de destaque na presente análise. É o que veremos na próxima seção.

1.3. CULTURA ORGANIZACIONAL

Um dos autores mais proeminentes no estudo da cultura organizacional é o pesquisador suíço – mas radicado nos Estados Unidos – Edgar Schein[2], que, desta sorte, norteará nossos estudos.

O estudo da cultura organizacional ganha força a partir da década de 1980, como forma de prover um ferramental fundamental à gestão eficiente das organizações. Para Schein (2009), a compreensão da cultura organizacional é parte comum do próprio processo de administração, portanto, seu estudo é próprio ao processo de gestão.

Schein (2009) traz a seguinte definição de cultura organizacional:

> [**Cultura organizacional**] é o padrão de premissas básicas que um determinado grupo inventou, descobriu ou desenvolveu no processo de aprender a resolver seus problemas de **adaptação externa** e de **integração interna** e que funcionaram suficientemente bem a ponto de ser considerada válida e, por isso, de ser ensinadas a novos membros do grupo como a maneira correta de perceber, pensar e sentir em relação a estes problemas. (SCHEIN, 2009, p. 16 – destaques deste autor)

Da análise desta definição, depreendem-se as seguintes inferências imediatas:

- a cultura organizacional, sendo um "padrão de premissas básicas", age como um substrato que rege (ou que norteia) a ação dos atores organizacionais;
- a cultura organizacional é formada ao longo do tempo, tomando forma a partir de esforços de adaptação com relação ao ambiente externo e de integração entre os elementos internos da organização, desenvolvendo, assim, uma identidade coletiva que permeia as relações de trabalho.

---
[2] Imagem de Edgar Schein. Disponível em: <http://www.strategy-business.com/article/11102?gko=34ff9>.

A fim de prover ferramentas para uma melhor análise da cultura organizacional, Schein (2009) propõe, ainda, três níveis de manifestação desta cultura, assim relacionados:

- **nível dos artefatos visíveis:** o ambiente construído, arquitetura, *layout*, vestuário, padrões de comportamento visíveis, documentos. Este nível de análise, segundo Schein, é muito enganador porque os dados são fáceis de obter, mas difíceis de interpretar. É possível descrever como um grupo constrói o seu ambiente e quais são os padrões de comportamento discerníveis entre os seus membros, mas frequentemente não se consegue compreender a lógica subjacente ao comportamento do grupo;
- **nível das crenças e dos valores expostos que governam o comportamento das pessoas:** os valores identificados geralmente representam apenas os valores manifestos da cultura, ou melhor, são idealizações ou racionalizações, e as razões subjacentes que geraram determinado comportamento permanecem inconscientes;
- **nível dos pressupostos básicos (inconscientes)**: são pressupostos que determinam como os membros de um grupo percebem, pensam e sentem. Na medida em que certos valores compartilhados pelo grupo levam a determinados comportamentos e estes se mostram adequados para solucionar problemas, o valor é gradualmente transformado em um pressuposto inconsciente.

A despeito de cada órgão público deter uma cultura organizacional própria, presume-se que compartilhem traços comuns, dado que são imersos em contextos mais amplos. Afinal, segundo Freitas (1997, p. 40), "as organizações são partes da sociedade e, portanto, parte de sua cultura", o que mitiga sobremaneira seu caráter de autonomia frente aos aspectos culturais que a permeiam. Desta forma, ao nos voltarmos aos setores de compras dos órgãos públicos brasileiros, há três culturas (ou subculturas) que se sobrepõem, e que são merecedoras de destaque na presente análise:

- cultura nacional brasileira;
- cultura do setor público;
- cultura do setor de compras.

Preliminarmente, no que concerne à **cultura nacional brasileira**, em que pese a multiplicidade de raízes etnológicas formadoras, bem como a combinação desigual, no território brasileiro, das matrizes indígenas sul-americanas, portuguesas e da África negra – sem contar as influências de imigrantes europeus (não portugueses) e orientais (japoneses e árabes), observada em especial a partir de meados do século XIX, diversos autores lançaram-se ao desafio de traçar os principais traços culturais do Brasil (DAMATTA, 1986; PRADO JÚNIOR, 1994; HOLANDA, 1995; BARROS; PRATES, 1996; FREITAS, 1997, entre outros).

Holanda (1995) ressalta que a matriz portuguesa foi preponderante no triângulo racial, à qual foram incorporados traços culturais dos demais elementos. Segundo esse autor, de Portugal "nos veio a forma atual de nossa cultura, o resto foi matéria que se sujeitou bem ou mal a essa forma" (HOLANDA, 1995, p. 40).

Relevantes para os fins desta obra, arrolam-se os seguintes **traços culturais brasileiros a serem considerados em uma análise organizacional**, e que têm relação direta com a implantação de práticas de gestão em determinada unidade administrativa.

Quadro 2. Traços culturais brasileiros a serem considerados em uma análise organizacional.

TRAÇO	CARACTERÍSTICAS-CHAVES
Hierarquia	• Tendência à centralização do poder nos grupos sociais, havendo relativa aceitação e passividade dos grupos hierarquicamente inferiores.
Personalismo	• Sociedade baseada em relações pessoais. • Busca de proximidade e afeto nas relações.
Malandragem	• Flexibilidade e adaptabilidade como meio de navegação social. • Jeitinho.
Aventureiro	• Mais sonhador do que disciplinado. • Tendência à aversão ao trabalho manual ou metódico.

Fonte: FREITAS (1997, p. 44).

Há, pois, que se considerar a tendência central da cultura brasileira em privilegiar a flexibilização das normas e as relações pessoais, em detrimento de uma lógica contratual e da rígida observância das regras. Ademais, o trabalho metódico (usualmente levado a cabo no setor de compras de uma organização) pode denotar fator de desmotivação aos colaboradores.

Atinente à **cultura do setor público brasileiro**, Pires e Macêdo (2006, p. 96) avaliam que "as organizações públicas mantêm as mesmas características básicas das demais organizações, acrescidas, entretanto, de algumas especificidades, como: apego às regras e rotinas, supervalorização da hierarquia, paternalismo nas relações, apego ao poder, entre outras". Tais diferenças, segundo esses autores, devem ser consideradas na definição dos processos internos e na relação com inovações e com a mudança.

De fato, há fatores culturais próprios do setor público que se consubstanciam em óbice à inovação, Tais barreiras culturais, na seara pública, são apresentadas por Carbone (2000) no Quadro 3.

Quadro 3. Barreiras culturais à inovação no setor público

BARREIRAS CULTURAIS À INOVAÇÃO NO SETOR PÚBLICO	
BARREIRA	**DESCRIÇÃO**
Burocratismo	Excessivo controle de procedimentos, gerando uma administração engessada, complicada e desfocada das necessidades do país e do contribuinte.
Autoritarismo / centralização	Excessiva verticalização da estrutura hierárquica e centralização do processo decisório. Ainda, quem age autoritariamente culpa a estrutura.
Aversão aos empreendedores	Ausência de comportamento empreendedor para modificar e se opor ao modelo vigente.
Paternalismo	Alto controle da movimentação de pessoal e da distribuição de empregos, cargos e comissões, dentro da lógica dos interesses políticos dominantes.
Levar vantagem	Tendência a tirar vantagem da coisa pública; ética dúbia, nepotismo, fisiologismo, apadrinhamento e intermediação generalizada de favores e de serviços.
Reformismo	Desconsideração dos avanços conquistados, descontinuidade administrativa, perda de tecnologia e desconfiança generalizada. Corporativismo como obstáculo à mudança e mecanismo de proteção à tecnocracia.

Fonte: Adaptado de Carbone (2000)

Por derradeiro, no contexto da Administração Pública, há subculturas inerentes ao exercício profissional dos indivíduos que apresentam peculiaridades. Assim, a **cultura própria ao setor de compras** distingue-se, por exemplo, da cultura do setor de informática, dentro de um mesmo órgão público. Ao passo que a última poderia apresentar traços que mais se coadunem com a inovação (em virtude da orientação a projetos inerentes à área de tecnologia da informação e comunicação), os principais aspectos da cultura do setor de compras são passíveis de serem assim arrolados:

- apego à rotinização do trabalho decorrente da rígida observância a normas legais. Em consequência, as inovações em termos de práticas do setor são de modo recorrente oriundas de alterações nos marcos legais, e não da revisão dos processos de trabalho em si;

- significativo senso de responsabilidade, por lidar com o dispêndio de recursos públicos;

- elevada percepção de controle, haja vista as diversas instâncias (jurídicas, controle interno e externo, ordenador de despesas etc.) que emitem juízos sobre o processo de trabalho conduzido.

Dos fatores acima mencionados, a descontinuidade administrativa e o corporativismo como obstáculo à mudança ("reformismo"), aliados ao apego às rotinas de trabalho, bem como à ausência de comportamento empreendedor em oposição ao *status quo* ("aversão aos empreendedores"), evidenciam-se como os riscos proeminentes à efetiva implantação de novas práticas de gestão.

O papel do gestor repousa, desta forma, no esforço de bem administrar esses traços culturais, de modo a evitar a subjugação da inovação pretendida. Carbone (2000), por exemplo, propõe a condução da gestão por competências (tecnológicas e comportamentais), da qual se depreende que há a premissa de que a adoção de novas práticas organizacionais (identificadas nos *gaps* de competência) seriam capazes de moldar, ao longo do tempo, a cultura da organização.

1.4. DESEMPENHO

Para os fins desta obra, adota-se uma acepção ampla do conceito de desempenho, referindo-se ao nível de realização que otimiza o valor da organização para os seus interessados (HRONEC, 1994), em função de comportamentos (processos), resultados e impactos resultantes (MWITA, 2000).

De fato, o desempenho em organizações pode ser analisado tanto ao nível do indivíduo quanto ao nível da organização tomada em sua totalidade. No primeiro caso, evidencia-se se as competências desejadas – definidas em função dos objetivos e valores organizacionais – são efetivamente realizadas pelos indivíduos. Segundo Abbad e Borges-Andrade (2004), o desempenho individual, para ser exitoso, requer não só o domínio da tarefa, mas a motivação para realizá-la e o devido suporte da organização.

Contudo, ao se analisar o processo de aquisição/contratação no setor público, pressupõe-se ser mais adequado o olhar do desempenho sob o enfoque da organização em si, associando-se, de modo geral, à consecução de resultados em determinado período (SONNENTAG; FREESE, 2002), passíveis de serem quantificados mediante indicadores.

Em harmonia com a análise de Souza e Williams (2000), alinha-se com o argumento de que a diferentes ramos de negócio – e até mesmo processos – correspondem distintas medidas de desempenho, haja vista suas especificidades. Nesse sentido, entende-se que o desempenho do processo de aquisição/contratação no setor público está precipuamente atrelado à qualidade do objeto adquirido/contratado, ao preço econômico praticado e à celeridade do rito. No Capítulo 2, abordaremos os indicadores voltados à aferição do desempenho do processo de compras. Por ora, cabe o registro de alguns deles, a título de ilustração:

- tempo (dias) para a conclusão de processo de aquisição/contratação;
- número de tramitações do processo de aquisição/contratação;
- percentual dos processos de aquisição/contratação cujo objeto foi aceito sem irregularidades (atrasos, especificações em desacordo etc.);
- percentual de decréscimo do preço estimado com relação ao preço efetivamente contratado.

Logicamente, aferir o desempenho do processo de compras não é tarefa das mais simples. Um processo bastante célere que, ao final, implique a aquisição de um objeto a preço econômico, mas de baixa qualidade, terá um desempenho insatisfatório. O desafio está em analisar o tripé – preço econômico, qualidade e celeridade – atribuindo-se os pesos desejados à luz dos princípios legais e de acordo com os objetivos estratégicos da organização.

Não se olvida, entretanto, que as compras públicas, no paradigma almejado pelo Estado, passam a servir de ferramental à política pública inerente ao desempenho nacional sustentável. Nessa ótica, a discussão acerca do desempenho das licitações passa a assumir contornos distintos, a serem abordados e delineados em nível macro. Passa-se a discutir, por exemplo, a taxa de desenvolvimento regional, a inserção de critérios ambientais nos objetos e a geração de empregos fomentada a partir das licitações.

Nesta ótica, antes de se lançar à mensuração do desempenho do processo de aquisições/contratações públicas, deve-se aclarar o objetivo do rito – frisando-se que a legislação correlata nem sempre arrola, em termos principiológicos, objetivos consonantes. A depender do paradigma adotado no órgão ou entidade, o foco e as medidas decorrentes tendem a variar. Em uma organização na qual as licitações sustentáveis sejam o modelo predominante o preço econômico será, de modo inequívoco, menos importante do que em um local no qual a limitação orçamentária impinge a necessidade de se ater precipuamente ao valor dos bens e serviços adquiridos ou contratados. A pergunta basilar a ser respondida, no caso, é: **o que se considera, n organização, a proposta mais vantajosa para a Administração?**

Capítulo 2

Gestão Estratégica no Setor de Aquisição/Contratação: Lições Aprendidas no Caso da Câmara dos Deputados

2.1. INTRODUÇÃO

Os preceitos da administração estratégica remontam à década de 1960, inicialmente sendo restritos a organizações inseridas na iniciativa privada (FENILI, 2014). Apenas duas décadas depois (e, no Brasil, a partir de meados da década de 1990), com a reforma administrativa inerente ao modelo gerencial, a esfera pública passou a contemplar métodos e ferramentas típicos da gestão estratégica, como modo de consecução de maior eficiência.

Desde o final do século passado, esforços de planejamento voltados ao longo prazo, especialmente no que diz respeito à infraestrutura e ao crescimento econômico, vêm sendo espelhados nos planos plurianuais (PPAs), evidenciando o viés estratégico almejado pelo Governo brasileiro, sendo o empreendedorismo e a gestão por resultados características marcantes dessa recente evolução.

Somando-se aos esforços gerais do Governo, a partir de meados da década passada, diversas organizações públicas brasileiras iniciaram a prática de elaboração de seus planejamentos estratégicos (ver Quadro 4). O intuito era a definição das direções a serem seguidas por estas organizações, com vistas a alcançarem objetivos definidos em longo prazo.

Quadro 4. Primeiros ciclos de gestão estratégica de órgãos públicos brasileiros

ÓRGÃO	HORIZONTE ESTRATÉGICO
Câmara dos Deputados	2009-2012
Justiça Federal	2008-2010
Ministério da Previdência	2009-2015
Ministério Público	2008-2011
Prefeitura de São Paulo	2006-2012
Senado Federal	2008-2012
Tribunal de Contas da União	2006-2010

Fonte: Sítios oficiais dos órgãos na Internet. (Consulta em 27/06/2014)

No caso específico da Câmara dos Deputados, a partir de 2004, aquele órgão iniciou a envolver-se em discussões e em reflexões sobre planejamento e gestão estratégica. Destarte, mediante a Portaria da Diretoria-Geral nº 76/2004, criou-se uma equipe de projeto encarregada da aplicação do Programa de Avaliação Continuada da Gestão Pública, originado no Ministério de Planejamento, Orçamento e Gestão (MPOG). Com a conclusão de seus trabalhos, consolidou-se um Relatório de Avaliação da Gestão, que traçou, à sua época, um diagnóstico de cunho administrativo da referida Casa Legislativa.

A pontuação aferida à Câmara dos Deputados em tal relatório, de acordo com o Manual de Autoavaliação da Gestão do MPOG, enquadrou-a em um estágio descrito como *"muito preliminar de práticas de gestão"*, não se podendo, ainda, considerar que os resultados decorressem de práticas implementadas. Ademais, no que tange ao critério de Estratégias e Planos, obteve-se apenas 9,83 pontos de um total de 45 possíveis, o que corresponde a 21,83%.

Em continuidade a esse trabalho, estabeleceu-se, entre as principais lideranças funcionais da Câmara dos Deputados, um fórum de discussões com objetivo de traduzir o compromisso com suas diretrizes estratégicas, mais especificamente: a missão institucional da estrutura administrativa, a visão estratégica de futuro e os valores adotados pela organização. Formulou-se, como fechamento desse trabalho, o Relatório de Diretrizes Estratégicas para a Gestão da Câmara dos Deputados.

A partir de 2006, tais objetivos começaram a ser desdobrados para as áreas funcionais.

A validação do Planejamento Estratégico da Diretoria Administrativa somente se deu em 06 de novembro de 2008, e foi elaborado visando a um horizonte de tempo de quatro anos, com início em 2009 e término ao fim de 2012.

O cenário atual – vigendo já o segundo ciclo de planejamento estratégico – é o de inserção, na prática administrativa, de produtos oriundos dos esforços envidados na inovação dos processos contemplados nos objetivos estratégicos. Alguns desses produtos serão analisados ao longo dos próximos capítulos. Contudo, cabe, preliminarmente, a abordagem crítica sobre a implantação da gestão estratégica no setor de aquisição/contratação, salientando-se os principais elementos metodológicos e os riscos correlatos.

2.2. GESTÃO ESTRATÉGICA, GESTÃO DE PROJETOS E OS RECURSOS ASSOCIADOS

2.2.1. Gestão estratégica e gestão de projetos voltadas ao processo de aquisição/contratação

No primeiro ciclo de gestão estratégica da Câmara dos Deputados (2009 – 2012), adotou-se como método o *Balanced Scorecard* (BSC), identificando-se, a partir do mapa estratégico corporativo, três objetivos estratégicos com relação direta ao processo de aquisição/contratação, conforme relacionados no Quadro 5.

Quadro 5. Objetivos estratégicos diretamente relacionados ao processo de aquisição/contratação.

PERSPECTIVA	OBJETIVO	DESCRIÇÃO
Pessoas e Tecnologia	Garantir soluções tecnológicas corporativas	Identificar, especificar e buscar os meios para o fornecimento de ferramentas e serviços de informação e comunicação corporativos necessários ao cumprimento do papel institucional.
Processos Internos	Aperfeiçoar o planejamento e a execução da aquisição e do suprimento de bens e serviços	Adotar procedimentos para que a Câmara dos Deputados tenha sempre à disposição, e empregue, de maneira eficiente, eficaz e com qualidade, os recursos de infraestrutura, materiais, patrimoniais, logísticos, tecnológicos e financeiros para o melhor cumprimento de seu papel institucional.
Processos Internos	Modernizar a gestão de processos de trabalho	Promover a análise, a otimização e a melhoria contínua dos processos de trabalho, envolvendo o monitoramento e a avaliação sistemática dos serviços prestados e a consequente adequação da estrutura organizacional.

Fonte: Mapa estratégico corporativo da Câmara dos Deputados (2009 – 2012).

Uma vez estabelecidos os objetivos estratégicos, os esforços em prol de sua consecução dão-se mediante a gestão de projetos. No que concerne ao processo de aquisição/contratação, foi instituído, em 2010, um programa corporativo denominado Gestão Administrativa, cujo escopo é assim descrito:

> Implementação de ações e métodos direcionados ao aperfeiçoamento da aquisição/contratação de bens e serviços, em uma visão macro. Relaciona-se à otimização de processos relacionados ao planejamento e execução orçamentária, rotinas de aquisições, gestão de contratos, liquidação, administração patrimonial e de almoxarifados.

Em momento inicial, houve a formalização, no âmbito do citado Programa, do Projeto Sistematização do Processo de Aquisições, que, ao longo de aproximadamente dez meses de vigência (janeiro a setembro de 2010), logrou êxito na entrega de três produtos:

- mapeamento do processo de aquisição/contratação;
- modelagem do processo de aquisição/contratação, e
- relatório de recomendações, congregando as propostas para a melhoria do processo em análise.

Tratou-se, nesta etapa preliminar do Projeto, de se efetuar um diagnóstico do processo de compras, vislumbrando-se as oportunidades de melhoria. Com base no relatório de recomendações, os próprios objetivos do citado Programa foram revistos, sendo passíveis de categorização, conforme apresentados no Quadro 6.

Quadro 6. Objetivos do Programa Gestão Administrativa.

CATEGORIA	Objetivo Específico
Celeridade	Automatizar o processo de aquisição.
	Diminuir o tempo de tramitação e da quantidade de trâmites do processo de aquisição.
	Rever normas e rotinas internas que comprometam a celeridade do processo de aquisição.
	Elaborar acordos de nível de serviço entre as áreas envolvidas no processo de aquisição.
Método	Elaborar metodologia para a estimativa de preços.
Padronização	Padronizar procedimentos e documentos.
	Disponibilizar jurisprudência interna consolidada pelos órgãos jurídicos da Casa, no que concerne às licitações e contratos.

CATEGORIA	Objetivo Específico
Planejamento	Integrar o planejamento orçamentário com a aquisição de bens e serviços.
	Planejar as aquisições por meio de calendário.
	Disponibilizar informações relacionadas ao planejamento e execução orçamentária aos órgãos administrativos da Casa.
Pessoal	Capacitar servidores envolvidos nas atividades relacionadas à gestão administrativa.
Subprocessos	Aperfeiçoar a fiscalização de contratos.
	Aperfeiçoar a gestão de almoxarifados.
	Aperfeiçoar a gestão do sistema de registro de preços.
	Aperfeiçoar o processo de liquidação.

Fonte: Termo de abertura do Programa Gestão Administrativa.

Uma vez concluído o mapeamento e a modelagem do processo de aquisição/contratação, foram originadas 10 (dez) demandas, vislumbradas como oportunidades de melhoria do processo, assim arroladas[1]:

- **acordos de nível de serviço**: refere-se a ajustes de prazos e demais condições entre as áreas que instruem os processos de compras;
- **adesão ao Siasg**: à época, a Câmara dos Deputados possuía sistema de apregoamento próprio, ocorrendo, em 2011, a adesão ao Siasg, passando os pregões a serem divulgados e operacionalizados via ComprasNet;
- **automação da fase interna**: desenvolvimento e implementação de ferramentas de TIC ao longo da fase interna do processo de compras, em especial mediante o desenvolvimento do chamado Termo de Referência Eletrônico, abordado no Capítulo 3;
- **calendário de aquisições**: organização temporal das compras, estabelecendo-se cronograma para a instrução conjunta de demandas análogas, de modo a evitar o fracionamento de despesas;
- **capacitação de servidores**: treinamento e desenvolvimento de competências dos servidores diretamente envolvidos no processo de aquisição/contratação;
- **controle de fracionamento de despesas**: desenvolvimento de funcionalidades de TI no intuito de mitigar a probabilidade de se incorrer em fracionamento de despesas;
- **Elaboração de método para a estimativa de preços**: otimização da tarefa de estimativa de preços, mediante a determinação de alternativas

---
[1] Nos próximos capítulos, algumas dessas iniciativas serão abordadas com maiores detalhes.

de fontes de consulta e de estipulação de métodos quantitativos de tratamento dos dados;

- **elaboração de ementário jurídico**: compilação e sistematização de entendimentos internos das assessorias jurídicas sobre tópicos de licitações e contratos, norteadores da instrução dos processos de aquisição/contratação;
- **otimização de rotinas relacionadas ao registro de preços**: iniciativas diversas, atreladas à melhoria da operacionalização do Sistema de Registro de Preços, tais como: majoração das validades das estimativas de preço, formação e gestão de cadastros de reserva etc.;
- **sistema de minutas padronizadas**: trata-se da geração automática de minutas de instrumentos convocatórios e de contratos/atas de registro de preços, tendo por base o termo de referência.

Não há como se eximir, neste ponto, de um aprofundamento metodológico no que concerne ao diagnóstico do processo de compras e contratações. Em especial, os elementos trazidos à baila na próxima seção serão voltados à análise quantitativa do rito, haja vista guardar, não raramente, falácias pouco perceptíveis a gestores públicos. Uma análise quantitativa mal conduzida (ou interpretada) inevitavelmente leva a decisões problemáticas. Ademais, consigna-se que os achados quantitativos devem ser seguidos de um acurado estudo qualitativo, de forma a bem delinear o panorama atual do processo no órgão ou entidade.

2.2.2. Análise Quantitativa do Processo de Aquisições/Contratações

2.2.2.1. Considerações preliminares

Interpretar a realidade é uma ação subjetiva e, por vezes, pessoal. Não obstante, com vistas ao exercício de gestão, não se pode respaldar nesta afirmativa e permanecer esteado em percepções individuais.

A impossibilidade de se administrar aquilo que não se pode medir, mais do que uma simples máxima proferida por Kaplan e Norton (2004), encontra espeque em inúmeros setores gerenciais da Administração Pública. Com esta crença, verifica-se a relevância do processo de objetivação da realidade, proporcionando dados ou elementos incontestes que, por sua vez, servirão de ponto de partida para a interpretação da realidade.

Neste sentido, traz-se à baila o processo de aquisições e contratações públicas, ora delimitado como objeto de análise. Mostra-se pertinente, neste escopo, traçar duas considerações, alicerçadas no decorrer da presente análise.

Uma primeira avaliação refere-se tão somente ao valor da análise quantitativa para fins de diagnóstico. Não raras foram as ocasiões nas quais indicadores contrapuseram-se ao senso que os atores faziam do processo, munindo o esforço da modelagem do rito em pauta da capacidade de acertar seu rumo.

Em adição, é salientada a preocupação em balizar-se em um nível de análise que forneça maior ferramental às decisões. Dizer que um processo de aquisição, em determinado órgão, alonga-se por "x" dias, seguramente é um indicador não só desprovido de significado, mas capaz de subsidiar medidas incoerentes. Situam-se, num mesmo contorno, componentes de natureza distinta, acarretando uma falsa analogia. "Separar laranjas e maçãs" certamente, é um dos motes desta seção.

2.2.2.2. Aspectos quantitativos a serem considerados no diagnóstico

Com raras exceções, as aquisições e contratações, em órgãos públicos, não apresentam variação significativa entre anos consecutivos. Ainda assim, sugere-se, com vistas a um diagnóstico mais robusto, que os dados coletados sejam oriundos dos dois últimos exercícios, de sorte a prover um panorama mais adequado do processo.

As análises e os índices a seguir propostos de forma alguma esgotam as possíveis coletas a serem realizadas na etapa de diagnóstico. Há, decerto, refinamentos a serem observados nos levantamentos aventados, bem como novas óticas a serem pesquisadas, à luz das particularidades do órgão ou entidade que conduz o trabalho.

2.2.2.2.1. Identificação dos maiores clientes

A identificação dos maiores clientes internos à organização é fator preponderante na análise em tela. Com base nesse achado, pode-se direcionar capacitações, envidar esforços em prol da padronização das rotinas inerentes a determinados tipos de pedidos e incrementar o relacionamento da área de compras com tais setores, por exemplo.

Há duas dimensões principais com relação às quais os clientes podem ser classificados, a saber:

- **maiores clientes por número de pedidos**: trata-se da verificação dos clientes internos mais significativos, em termos de quantitativo de pleitos protocolizados, em um exercício. Neste caso, a unidade de análise é o processo de compra: um processo de dispensa de licitação, para fins de contabilização de pedido, terá o mesmo valor de um processo que culmina em um pregão, por exemplo.

A informação gerada pode balizar propostas de descentralização da atividade de especificação, ou de estimativa de preços, por exemplo;

- **maiores clientes por despesa realizada**: refere-se ao levantamento das unidades administrativas internas cujos pedidos, somados ao longo de um exercício, respondem por parcelas mais significativas da execução financeira.

A informação gerada pode prover, por exemplo, o foco para propostas de um calendário de compras específico a esses clientes, de sorte a garantir uma execução financeira gradual ao longo do exercício, evitando-se o usual (e indesejado) acúmulo de demandas de compras não processadas nos últimos meses do ano.

2.2.2.2.2. Relação quantitativa de processos por rito de aquisição/contratação

Trata-se do levantamento do número de pleitos, ao longo do exercício, que foram processados satisfatoriamente, segregando-os por modalidade de licitação, além das dispensas e das inexigibilidades. No caso das dispensas de licitação, sugere-se a identificação dos pleitos processados com base nos incisos I e II do art. 24 da Lei de Licitações e Contratos (dispensa por valor) dos processados com base nos demais incisos do mesmo artigo.

Com base nessa informação, pode-se:

- identificar uma eventual alta frequência de dispensas de licitação por valor, capaz de aumentar a probabilidade de se incorrer em fracionamento de despesas;
- caso haja alta frequência de dispensas de licitação por valor, passa a haver respaldo para se propor a revisão de alçada decisória, no que concerne à delegação das atribuições do ordenador de despesas, com base no limite superior para tal rito. Na Câmara dos Deputados, por exemplo, grosso modo, as autorizações de despesas compreendidas até o limite superior da modalidade convite são delegadas do Diretor--Geral ao Diretor Administrativo; uma hipótese seria, ainda, delegar as autorizações atinentes às dispensas por valor a outra autoridade hierarquicamente inferior ao Diretor Administrativo;
- distribuir adequadamente recursos de pessoal, a depender dos ritos mais recorrentes, quando unidades administrativas distintas forem incumbidas do processamento das compras. É o caso, por exemplo, da Câmara dos Deputados, há uma seção (Seção de Aquisições) que

processa dispensas, inexigibilidades e convites, ao passo que a Secretaria Executiva da Comissão Permanente de Licitação é responsável pelos demais procedimentos;
- etc.

2.2.2.2.3. Gastos efetuados por modalidade de compra

Trata-se de uma complementação aos dados atinentes à subseção anterior, de sorte a identificar o rito que responde por despesas mais significativas na organização. Atualmente, há grande probabilidade de a modalidade pregão responder pelos maiores gastos – com a exceção de o órgão ou entidade ter realizado uma obra de porte mediante a modalidade concorrência.

Deste modo, a modalidade identificada deverá receber tratamento prioritário quando da modelagem do processo.

2.2.2.2.4. Incidência de pedidos, por subelemento de despesa

Uma possibilidade de apreciação quantitativa entendida como coerente é o de subelemento de despesa – abordagem geralmente ignorada por gestores. Entende-se ser este um nível meso de análise, capaz de agregar valor à análise capitaneada. Refere-se a um nível de agregação da classificação da despesa pública, referente a categorias tais como: "material de expediente", "serviço de seleção e treinamento", "material elétrico e eletrônico" etc. Eis a separação de maçãs e laranjas, conforme mencionado na Introdução desta seção.

A necessidade de se colher informações quantitativas dos processos de aquisição/contratação diferenciando-os por subelemento de despesa parte de um pressuposto básico: os ritos apresentam distinções contundentes em função desta variável. Um processo que cuida da contratação de um serviço de assinatura de periódicos, por exemplo, possui uma instrução bastante diferente de outro que cuida da aquisição de material de limpeza. Assim, não há de inseri--los em um mesmo bojo, de modo a mitigar conclusões equivocadas.

A informação gerada a partir dessa análise é capaz de guiar o foco da modelagem do processo de compras e contratações. Tal benefício é ilustrado por análise realizada em 2015 na Câmara dos Deputados: quantitativamente, cerca de 30% dos processos são, de fato, inerentes a serviços de seleção e treinamento, revelando percentual bastante superior às demais categorias de objeto. Consequentemente, com vistas à melhora do processo de compras e contratações como um todo, tal subelemento é merecedor de cuidado específico, ante sua frequência majoritária.

2.2.2.2.5. Interstício demandado por processos, categorizados por subelemento de despesa

Uma vez sendo os processos de aquisição/contratação categorizados por subelemento de despesa, conforme descrito na subseção anterior, é possível partir para o cruzamento desses dados com outras variáveis de interesse. Nesse sentido, entende-se que uma das principais informações a ser gerada é o interregno processual, por subelemento de despesa, capaz de evidenciar o tipo de objeto que tem tramitação mais morosa, e que merece prioridade em termos de modelagem.

Na Câmara dos Deputados, por exemplo, em estudo realizado tomando-se por base os dados de 2012 e 2013, comprovou-se distinção significativa do interstício processual de acordo com o subelemento de despesa avaliado (resultados parciais seguem no Quadro 7).

Quadro 7. Interstício processual na Câmara dos Deputados, por subelemento de despesa (dados 2012 – 2013)

Subelemento de despesa	Dias úteis de mandados (media)[2]
1. AQUISIÇÃO DE SOFTWARES DE APLICAÇÃO	361,13
2. MOBILIÁRIO EM GERAL	172,48
3. MATERIAL ELÉTRICO E ELETRÔNICO	131,25
4. MATERIAL DE PROCESSAMENTO DE DADOS	102,28
5. ASSINATURAS DE PERIÓDICOS E ANUIDADES	90,40
6. MATERIAL HOSPITALAR	88,34
7. MATERIAL P/ ÁUDIO, VÍDEO E FOTO	68,29
8. MATERIAL DE COPA E COZINHA	67,25
9. SERVIÇOS GRÁFICOS	66,89
10. MATERIAL DE EXPEDIENTE	64,17
11. AQUISIÇÃO DE SOFTWARES DE BASE	50,59
12. UNIFORMES, TECIDOS E AVIAMENTOS	48,45
13. MATERIAL DE LIMPEZA E PROD. DE HIGIENIZAÇÃO	31,19
14. MATERIAL PARA CERIMONIAL	28,01
15. BANDEIRAS, FLAMULAS E INSIGNIAS	27,74

Fonte: elaborado pelo autor

---

[2] Para fins de contagem dos dias, utilizou-se o interstício compreendido entre a protocolização do processo correspondente e a emissão da nota de empenho de despesa ou a assinatura do termo de contrato.

Com base nas informações do Quadro 7, resta patente que não há de se falar, genericamente, que um processo de aquisição ou contratação perdura "x" dias em determinado órgão público. Há de se diferenciá-lo, consoante seu objeto, de sorte a gerar a informação gerencial correspondente.

2.2.2.2.6. Influência da ação das unidades administrativas no tempo demandado pelo processo de aquisição/contratação

O estudo da influência que as unidades administrativas internas, pelas quais o processo de aquisição/contratação perpassa, detém no interregno do rito, é diligência essencial para fins da correta distribuição de recursos de pessoal.

Segregando-se os ritos por modalidade, pondera-se o quanto uma unidade administrativa toma parte de um processo. Para tanto, é possível empregar a seguinte relação:

$$Índice = \frac{n.\Delta t}{\sum_{i=1}^{x} (ni.\Delta ti)}.100\%$$

Onde,

n = número de processos protocolados, no ano analisado, que seguiram a modalidade estudada e passaram pela unidade administrativa

Δt = dias úteis na unidade administrativa (média)

$\sum (ni.\Delta ti)$ = refere-se ao somatório do produto dos fatores anteriores, considerados para a totalidade das unidades administrativas para as quais consta passagem de processo da modalidade em análise

O supracitado índice pode ser traduzido no quanto um processo demandou de carga de trabalho (tempo e número de processos) de determinada unidade administrativa, até o seu término. Os resultados são mostrados em percentuais.

Logicamente, nem todos os processos de determinada modalidade tramitam pela totalidade dos órgãos listados. Eis a lógica na exposição de um índice ponderado. As unidades administrativas nas primeiras posições serão aquelas que mais demandam tempo do processo de determinada modalidade, tomados em sua totalidade até o seu término.

Uma vez mais tomando por base estudo realizado na Câmara dos Deputados, com dados de 2012 e 2013, estrutura-se, para fins de ilustração, a análise consolidada no Quadro 8, do qual consta a divisão da carga de trabalho processual, de acordo com o índice proposto.

Quadro 8. Divisão de carga de trabalho entre tarefas do processo de aquisição/contratação na Câmara dos Deputados, por modalidade mais recorrente. (dados de 2012 – 2013)

ATIVIDADE (inerente a unidades administrativas específicas)	Inexigibilidade	Dispensa	Pregão
Pedido inicial/especificação	48%	59%	35%
Instrução processual (após especificação)/fase externa (se aplicável)	7%	21%	33%
Elaboração de minuta de contrato	7%	3%	5%
Reserva orçamentária	0%	2%	1%
Análise jurídica	23%	8%	15%
Decisão política	8%	1%	5%
Tramitações pelos serviços de administração (sem agregação de valor ao processo)	7%	6%	6%
TOTAL	100%	100%	100%

Fonte: elaborado pelo autor

A construção do índice em tela dá-se na tentativa de ilustrar as unidades administrativas internas que demandam mais esforço para a conclusão de um processo de aquisição ou de contratação. Este esforço, também entendido como aplicação de recursos, é traduzido na ponderação entre número de processos e tempo.

Os dados ilustrados no Quadro 8 demonstram relevância peculiar em um processo de modelagem. De algum modo, poder-se-ia propor uma divisão racional ideal das tarefas inerentes ao processo em estudo. Cotejando-se esta divisão com as demais informações coletadas na etapa de diagnóstico, identificar-se-iam eventuais gargalos e/ou restrições no processo, o que daria margem à (re)alocação de recursos entre responsáveis por fases do processo.

Em que pese o êxito inicial do Projeto Sistematização do Processo de Aquisições, feito o diagnóstico e o relatório de recomendações, seguiram-se significativos óbices à etapa subsequente. Os principais pontos – seguramente de interesse de órgãos públicos que se voltem a esforços análogos – são apresentados na próxima seção.

2.2.3. Óbices na condução da gestão de projetos voltados ao processo de aquisição/contratação

Metodologicamente, a gestão de projetos na Câmara dos Deputados alinha-se aos preceitos das melhores práticas concebidas pelo *Project Management Institute* (PMI), cuja observância é fomentada por uma unidade de *staff* – a Assessoria de Projetos e Gestão – diretamente ligada à Diretoria-Geral, que atua como escritório central de projetos.

Nesse contexto, os projetos são formalmente concebidos, a eles sendo atribuídos, na documentação de praxe, gerente, equipe, recursos, cronograma, estrutura analítica e produtos esperados. Não obstante, a despeito do respaldo metodológico presente, a gestão de projetos concernentes à melhoria do processo de aquisição/contratação na Câmara dos Deputados evidenciou, ao longo dos anos, fragilidade e incipiência de resultados, em decorrência de três fatores principais, sobre os quais se discorre a seguir.

(i) insuficiência de recursos de pessoal

Os membros da equipe designada para a condução de determinado projeto muito raramente dispunham de tempo hábil para a atuação nesse papel. Ainda, a despeito da relevância do Programa Gestão Administrativa, alçado à categoria de corporativo, apenas 10 (dez) servidores compunham as diversas equipes de seus variados projetos.

Ademais, os poucos servidores envolvidos no Programa, por não contarem com dedicação exclusiva ao(s) projeto(s), conviviam com a sobreposição de suas atribuições formais da estrutura funcional, deixando pouco ou nenhum tempo hábil para seu desempenho como gerentes ou membros das equipes.

(ii) problemas na concretização da departamentalização matricial

Em termos culturais – traduzidos em práticas de gestão – identifica-se a imaturidade na coexistência das departamentalizações funcional e por projetos, pilares da chamada estrutura matricial.

Tal fato era ressaltado pela patente sobreposição de atribuições entre o Programa Gestão Administrativa e o Departamento de Material e Patrimônio (Demap), órgão central da administração de materiais e serviços na Câmara dos Deputados. De fato, a "implementação de ações e métodos direcionados ao aperfeiçoamento da aquisição/contratação de bens e serviços", escopo do Programa em tela, é tarefa já inscrita nas competências daquele Departamento, assim estatuída na Resolução nº 10, de 1984, da Câmara dos Deputados:

> Art. 2º Ao Departamento de Material e Patrimônio compete, como órgão central dos Sistemas de Administração de Material e de Administração Patrimonial, **planejar, orientar, dirigir, controlar e exercer as atividades normativas específicas e a prática de atos relativos à aquisição, ao recebimento, à guarda, à distribuição e à alienação de material, à contratação de obras e serviços**. (destaque deste autor)

Não obstante, a estrutura organizacional do DEMAP é voltada, eminentemente, à **execução** das diversas tarefas inerentes à gestão de materiais e patrimônio no setor público, não contando com unidade específica para o planejamento ou para orientação, nos moldes do consignado na aludida Resolução. Em que pese tal lacuna, sua suplantação via Programa Gestão Administrativa não se deu a contento. Sendo o citado Departamento o detentor da *expertise* do processo de compras/contratações, na prática, a estrutura por projetos – hierarquicamente não vinculada ao Demap, mas contando com servidores daquele Departamento – acabou por assumir um viés híbrido, desprovida de efetiva capacidade de inovação.

No quadro exposto, uma linha de ação viável seria o casamento entre a estrutura organizacional do Demap e os esforços inseridos no âmbito do Programa Gestão Administrativa. Caberia apenas a discussão se a nova estrutura dar-se-ia nos moldes de assessoria, de um escritório de projetos ou de uma seção de planejamento. De toda sorte, uma vez inserida na estrutura organizacional, abolir-se-iam os impactos negativos advindos da citada estrutura matricial, em especial o conflito de competências.

(iii) multiplicidade de produtos dependentes de tecnologia da informação e comunicação

Diversos produtos vislumbrados na gestão estratégica voltada ao processo de aquisição/contratação mostravam-se dependentes do desenvolvimento (ou aperfeiçoamento) de sistemas informatizados. Tendo a Câmara dos Deputados, ao longo dos anos, desenvolvido e aperfeiçoado por si o chamado Sistema de Gestão de Material e Serviço (Sigms), a programação novas funcionalidades – a serem, no intuito de padronização, agregadas a este Sistema – passaram a ser incumbência dos próprios servidores do Centro de Informática (Cenin) daquele órgão (mitigando, pois a possibilidade de terceirização).

Ante os inúmeros projetos capitaneados pelo Cenin, observou-se uma vez mais a limitação de recursos de pessoal para que todas as iniciativas em prol da modelagem do processo de aquisição/contratação fossem tomadas de modo prioritário.

2.3. AS LIÇÕES APRENDIDAS

Um dos significativos benefícios advindos dos esforços conduzidos, desde 2009, em prol da melhoria das compras na Câmara dos Deputados, é o incremento da maturidade – em termos metodológicos – sobre como repensar o processo de aquisição/contratação. A seguir, arrolam-se algumas das lições aprendidas, a serem consideradas a título de reflexão.

- **A definição dos objetivos**

Um órgão ou entidade apenas irá envidar esforços na melhoria do processo de aquisição/contratação caso vislumbre que o atualmente conduzido apresenta problemas – sejam eles morosidade, baixa qualidade da instrução, multiplicidade de pleitos semelhantes, fracionamento de despesas etc. De antemão, deve-se definir os objetivos almejados, tendo a ciência de que algumas metas podem ser conflitantes.

Por exemplo, o objetivo "melhorar a instrução processual", em um primeiro momento, pode desfavorecer a consecução da meta "obter um processo mais célere". Logicamente, ao longo do tempo, ao considerar que processos mais bem instruídos exigem menos retrabalho, a celeridade pode ser favorecida. Mas até que as novas rotinas em prol da instrução processual sejam implantadas e devidamente absorvidas pelos atores organizacionais, é grande a probabilidade de que o processo torne-se mais moroso.

- **A relevância da etapa de diagnóstico**

A realização de um diagnóstico acurado do processo de aquisição/contratação é condição fundamental para prover uma base satisfatória à modelagem do rito. Não se trata apenas de mapear o fluxo, mas de responder as seguintes questões:
- Onde estão os gargalos no fluxo processual?
- Há tramitações desnecessárias?
- Quais são os maiores clientes internos dos processos?
- O processo chega às instâncias jurídicas plenamente instruído? Em caso negativo, quais são as deficiências mais recorrentes?

- Há padrões documentais para a instrução do processo?
- O modelo de estimativa de despesa (centralizado/descentralizado, fontes de consulta, tratamento estatístico etc.) é satisfatório?
- As informações gerenciais alusivas ao processo estão disponíveis *on-line*?
- Os recursos de pessoal estão adequadamente distribuídos ao longo do processo?
- Há capacitações periódicas aos envolvidos no processo?
- Os produtos adquiridos e os serviços prestados são de boa qualidade? Em caso negativo, o que se pode fazer para minimizarem-se os óbices?
- etc.

Uma vez respondidas essas questões (além de outras aventadas oportunamente), é recomendável proceder ao *benchmarking*, com o intuito primordial de conhecer como tais aspectos são gerenciados em outros órgãos e entidades. Logicamente, ao tomar conhecimento de como os processos são conduzidos em outras organizações, o rol de perguntas que compõem o diagnóstico pode ser ampliado, e novas necessidades mostram-se passíveis de serem identificadas.

Não obstante, uma vez efetuado o *benchmarking*, deve-se primar por não se afastar dos objetivos inicialmente determinados, e nem por ampliar de modo proeminente o escopo das iniciativas em prol da otimização do processo de aquisição/contratação. O apelo inerente aos processos de outros órgãos ou entidades – ou, em outras palavras, o fato de a "grama do vizinho costumar ser mais verde" – detém, muitas vezes, o potencial de relegar a segundo plano o diagnóstico preliminar efetuado, suscitando o ímpeto de "adoção integral" de processos alheios. Os impactos dessa linha de ação podem culminar em custos expressivos de implantação das novas práticas, afetos à customização de sistemas, capacitação de servidores, e gestão cultural, entre outros.

- **A importância do patrocínio**

Sendo o processo de aquisição/contratação um dos mais complexos existentes nas organizações públicas, a empreitada com vistas à sua otimização é multifacetada, efetuada em longo prazo e carecendo de significativos recursos. Dessa maneira, caso se opte por uma estrutura de projetos, a manutenção do patrocínio ao longo do tempo consubstancia, seguramente, ponto crítico de sucesso.

- **Divisão de trabalho e a otimização do processo de compras**

Usualmente, esforços em prol da otimização de aspectos particulares do processo de aquisição/contratação, por apresentarem escopo definido e deterem limitação temporal, consubstanciam projetos. Não obstante, o aperfeiçoamento do processo, como atividade *per si*, é um esforço constante.

O planejamento e a orientação afetos aos ritos de compra/contratação, a busca incessante pela crescente racionalização do emprego dos recursos, as medidas em prol da absorção das inovações normativas às rotinas vigentes são incumbências perenes – usualmente não conduzidas pela equipe responsável pela operacionalização da instrução dos processos de aquisição/contratação, haja vista sua usual sobrecarga de trabalho.

A ausência de um corpo de trabalho destinado a (re)pensar continuamente o processo em pauta não raramente acarreta, em médio prazo, a obsolescência de práticas de gestão. Desta sorte, avalia-se como boa prática a adoção de uma divisão de trabalho que associe a determinada equipe tal incumbência. Nesse sentido, a criação de unidade administrativa específica irá conferir maior estabilidade ao empreendimento. A concepção dos projetos aplicáveis emanaria desta unidade, sendo suas execuções efetuadas, não raramente, por equipes compostas por membros das áreas envolvidas. A depender de suas atribuições, tal unidade pode assumir contornos distintos, destacando-se, contudo, sua proximidade com as características de um escritório de projetos.

Capítulo 3

Termo de Referência Eletrônico e a Instrução de Processos de Aquisição/Contratação

3.1. INTRODUÇÃO

Sendo a licitação um procedimento administrativo (formal), seu rito engloba uma série de atos administrativos relacionados temporalmente de maneira lógica, iniciada a partir da necessidade de aquisição de determinado material (ou contratação de um serviço) e culminando na assinatura do respectivo contrato ou na emissão de um documento correspondente.

Este procedimento é dividido em **duas fases**[1], discriminadas[2] na Figura 2:

Figura 2. Fases de um procedimento licitatório

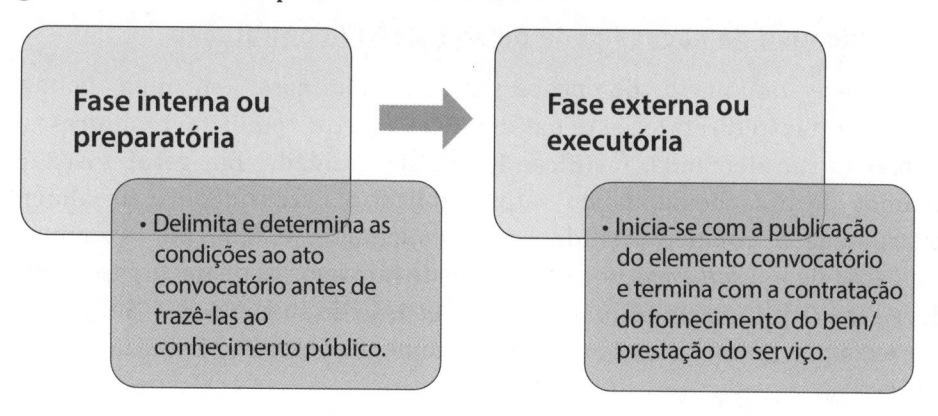

Fase interna ou preparatória
- Delimita e determina as condições ao ato convocatório antes de trazê-las ao conhecimento público.

Fase externa ou executória
- Inicia-se com a publicação do elemento convocatório e termina com a contratação do fornecimento do bem/prestação do serviço.

Fonte: elaborada pelo autor.

---

[1] A divisão do rito licitatório nas fases interna e externa dá-se pela prática, e não por exigência legal.
[2] Esquema elaborado com base no Manual de Licitações e Contratos do TCU.

À fase interna da licitação corresponde uma sucessão de ações preparatórias que culminam na publicação do instrumento convocatório (edital ou carta-convite).

De modo geral, tais ações podem ser concatenadas na seguinte sequência (Figura 3):

Figura 3. Elementos que compõem a instrução da fase interna de uma licitação

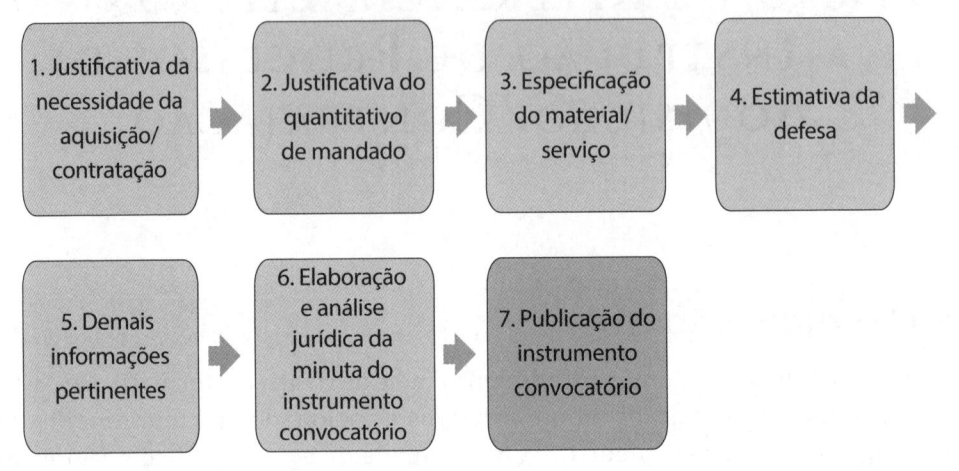

1. Justificativa da necessidade da aquisição/ contratação ⇒ 2. Justificativa do quantitativo de mandado ⇒ 3. Especificação do material/ serviço ⇒ 4. Estimativa da defesa ⇒

5. Demais informações pertinentes ⇒ 6. Elaboração e análise jurídica da minuta do instrumento convocatório ⇒ 7. Publicação do instrumento convocatório

Fonte: elaborada pelo autor.

De maneira sucinta, as tarefas alusivas a cada uma das etapas representadas no esquema acima podem ser assim discriminadas:

- **Justificativa da necessidade de aquisição / contratação**

Trata-se do início do processo que culminará em uma licitação (ou contratação direta). Neste passo inicial, o setor requisitante interessado formaliza sua demanda, justificando sua necessidade. Em geral, visto que falamos de uma demanda do setor público, a necessidade é usualmente relacionada à competência do órgão solicitante. Assim, por exemplo, a aquisição de um *software*, por um Centro de Informática de um órgão público, deve ser justificada em termos da boa execução de suas funções. Seria difícil, por exemplo, justificar a compra de um tomógrafo por um Departamento de *Marketing*.

- **Justificativa do quantitativo demandado**

Não basta justificar a necessidade (o mérito) da aquisição. Um Departamento de Informática pode pleitear, por exemplo, 120 pen drives, justificando esta demanda pela necessidade de seus funcionários em portar de forma mais prática arquivos de seu dia a dia de trabalho. Mas isso não basta. Por que 120 (e não 90) pen drives? Este Departamento deverá instruir o processo com informações que relacionem o quantitativo demandado à utilização vislumbrada.

De acordo com o entendimento do Manual de Licitações e Contratos do TCU, as "quantidades e unidades a serem adquiridas devem ser definidas em função do consumo e utilização prováveis. A estimativa [do quantitativo] deve ser obtida por meio de adequadas técnicas quantitativas de estimação".

A justificativa do quantitativo é de suma importância quando falamos de reposição de estoques. Neste caso, usualmente os quantitativos são significativos, exigindo procedimentos de cálculos específicos capazes de embasar a determinação da previsão do consumo futuro.

Por fim, cabe a menção de que, em uma licitação, não só a indicação dos quantitativos do objeto a ser adquirido/contratado é obrigatória, mas também que tais quantitativos correspondam à previsão registrada no projeto básico (ou executivo) – ou no termo de referência, como veremos mais adiante. Tal exigência consta do § 4º do art. 7º da Lei nº 8.666/93:

> § 4º É vedada, ainda, a inclusão, no objeto da licitação, de fornecimento de materiais e serviços sem previsão de quantidades ou cujos quantitativos não correspondam às previsões reais do projeto básico ou executivo.

- **Especificação do material/serviço**

Nesta etapa, há de se descrever o material, listando todas as suas características. A especificação é uma das informações mais importantes de um processo licitatório: ela servirá de base para que os fornecedores encaminhem suas propostas, bem como norteará a aceitação (ou não) do material entregue ao órgão público.

Uma especificação malfeita (ou incompleta) pode condicionar a Administração Pública a efetuar uma despesa na aquisição de um material de má qualidade, ou que simplesmente não prestará à aplicação desejada. Nas palavras do Manual de Licitações e Contratos do TCU:

> *Especificação incompleta do bem, obra ou serviço a ser contratado impede o licitante de fazer boa cotação e de apresentar a melhor proposta.*

Os atributos de uma especificação podem ser os mais variados. Em especial, podemos citar: características gerais, acondicionamento, cores, dimensões, voltagem etc. Um exemplo de especificação[3] é assim apresentado:

> **CANETA ESFEROGRÁFICA AZUL**
> MARCA(S) DE REFERÊNCIA: BIC; COMPACTOR; MOLIN.
> DESCRIÇÃO: caneta esferográfica ponta média.
> MEDIDAS: 140 mm x 7 mm (comprimento x diâmetro), respectivamente.
> CARACTERÍSTICAS: resina termoplástica, tinta a base de corantes orgânicos e solventes, ponta de latão, esfera de tungstênio de 1 mm, corpo em poliestireno totalmente transparente, tampas fixadas sob pressão, tampa clip ventilada, capacidade mínima de 1.500 metros de escrita.
> PRAZO MÍNIMO DE VALIDADE: 12 (doze) meses, contados da data do recebimento definitivo.
> ACONDICIONAMENTO: caixa de papelão com 50 (cinquenta) unidades, com identificação e quantidade do material.
> Unidade: UNIDADE

Fazer constar, em processos licitatórios, a especificação completa do bem a ser adquirido é ainda exigido pelo § 7º do art. 15 da Lei nº 8.666/93 (Lei de Licitações e Contratos):

> Art. 15. [...]
> § 7º Nas compras deverão ser observadas, ainda:
> I – **a especificação completa do bem a ser adquirido** sem indicação de marca; (destaques deste autor)

A Lei de Licitações e **contratos veda a indicação arbitrária ou subjetiva da marca do bem a ser adquirido**. Esta indicação "arbitrária e subjetiva" é referida, pela Lei de Licitações, como **"preferência de marca"**. Assim, por exemplo, não se pode, ao especificar um aparelho de televisão, indicar apenas a marca "SONY", sem que uma justificativa técnica robusta acompanhe esta ação.

No entanto, são 3 (três) as hipóteses nas quais a indicação de marca é permitida:

(i) como parâmetro de qualidade (critérios de comparação) = a indicação de marca como parâmetro de qualidade pode ser admitida para facilitar a descrição do objeto a ser licitado, desde que seguidas das expressões "ou equivalente", "ou similar" e "ou da melhor qualidade", que representam a aceitação, pela Administração, de produtos similares aos indicados pela marca consignada;

(ii) para atender ao princípio da padronização = a padronização de marca só é possível em casos excepcionais, quando ficar incontestavelmente

---
[3] Especificação constante do catálogo de materiais da Câmara dos Deputados.

comprovado que apenas aquele produto, de marca certa, atende aos interesses da Administração. Neste caso, a indicação de marca ainda não padronizada passa, em geral, por um processo de **homologação**, que consiste na criação de grupo para pesquisarem no mercado as diversas marcas passíveis de atendimento da necessidade, estabelecendo parâmetros comparativos entre elas e homologando, com justificativas técnicas, aquela que melhor se amolde às necessidades do órgão público. O resultado do procedimento de homologação é um relatório, que deverá ser anexado ao processo de contratação;

(iii) <u>quando for tecnicamente justificável</u> = um exemplo seria a necessidade de pintar apenas uma parede em um salão cujas demais paredes tenham sido pintadas com um tinta específica (branca Coral Plus). Neste caso, poder-se-ia proceder à aquisição com a indicação específica desta marca, com a justificativa de que a compra de outra tinta iria implicar a falta de uniformização das cores no salão.

- **Estimativa da despesa**

Antes de se proceder à fase externa da licitação, há de se estimar o gasto que será imputado à Administração Pública na futura aquisição/contratação do objeto. Esta informação é de suma importância, em especial devido a dois fatores:

(i) a escolha da modalidade da licitação (convite, tomada de preços ou concorrência[4]) dá-se em função da despesa estimada;

(ii) antes de publicar o instrumento convocatório, o órgão ou entidade deve verificar se possui recursos orçamentários suficientes para honrar o gasto futuro. Veja o que nos diz o art. 14 da Lei nº 8.666/93:

> Art. 14. Nenhuma compra será feita sem a adequada caracterização de seu objeto e **indicação dos recursos orçamentários para seu pagamento**, sob pena de nulidade do ato e responsabilidade de quem lhe tiver dado causa. (destaque deste autor)

- **Demais informações pertinentes**

Uma vez autuada a demanda pela unidade administrativa solicitante, justificada a necessidade e o quantitativo do objeto pleiteado, elaborada a especificação e estimado o preço, há de se ponderar acerca de informações

---

[4] Lembre-se que a modalidade pregão independe do valor estimado do objeto.

complementares que devam constar do instrumento convocatório. Dentre tais informações, podemos citar:

- ✓ prazos e locais para entrega do material ou prestação do serviço;
- ✓ necessidade de prestação de garantia contratual (apenas nos casos em que houver a formalização de um contrato);
- ✓ obrigações da contratada (licitante) e da contratante (administração pública);
- ✓ elaboração de projetos ou plantas, no caso de serviços de arquitetura ou de engenharia, por exemplo;
- ✓ necessidade de apresentação de amostras;
- ✓ exigências para habilitação das licitantes,
- ✓ etc.

Neste ponto, resta concluído o Projeto Básico ou o Termo de Referência, sendo que o processo segue até a autoridade competente para a **autorização do procedimento licitatório**. Na hipótese de bem comum, por exemplo, anexa-se ao processo um despacho no qual é autorizada a realização de um pregão para a aquisição/contratação do objeto pretendido. Ato contínuo, o processo segue para a elaboração da minuta do instrumento convocatório.

- **Elaboração e análise jurídica da minuta do instrumento convocatório**

De posse das informações prévias, é possível a elaboração da minuta do instrumento convocatório (edital ou carta-convite, a depender da modalidade de licitação), sendo submetida, após sua confecção, à análise jurídica da unidade administrativa interna competente.

Caso o parecer jurídico seja favorável, a autoridade competente ratifica esta análise, cabendo apenas a publicação do instrumento convocatório.

- **Publicação do instrumento convocatório**

Trata-se da divulgação, para o mercado, da intenção de a Administração Pública proceder a determinada aquisição ou contratação. Chega-se, neste ponto, ao fim da fase interna, e inicia-se a fase externa do procedimento licitatório.

As informações constantes das etapas 1 a 5 do esquema anterior irão compor o Projeto Básico ou o Termo de Referência, documentos mais bem abordados na próxima seção deste Capítulo.

3.2. PROJETO BÁSICO E TERMO DE REFERÊNCIA

A instrução de um processo licitatório, inerente à sua fase interna, foi explicitada na seção anterior. As informações apresentadas nas etapas 1 a 5 (justificativas da necessidade e do quantitativo do objeto, especificação, estimativa da despesa e demais informações pertinentes) são congregadas em um único documento que, no caso das modalidades **concorrência**, **tomada de preços** e **convite**, é chamado de **Projeto Básico**.

Eis a definição que a Lei nº 8.666/93 nos traz de **Projeto Básico**:

> Art. 6º. [...]
>
> IX – **Projeto Básico** – conjunto de **elementos necessários e suficientes**, com nível de precisão adequado, **para caracterizar a obra ou serviço**, ou complexo de obras ou serviços objeto da licitação, elaborado com base nas indicações dos estudos técnicos preliminares, que assegurem a viabilidade técnica e o adequado tratamento do impacto ambiental do empreendimento, e que possibilite a avaliação do custo da obra e a definição dos métodos e do prazo de execução, devendo conter os seguintes elementos:
>
> a) desenvolvimento da solução escolhida de forma a **fornecer visão global da obra e identificar todos os seus elementos constitutivos com clareza**;
>
> b) soluções técnicas globais e localizadas, suficientemente detalhadas, de forma a minimizar a necessidade de reformulação ou de variantes durante as fases de elaboração do projeto executivo e de realização das obras e montagem;
>
> c) **identificação dos tipos de serviços a executar e de materiais e equipamentos a incorporar à obra**, bem como suas especificações que assegurem os melhores resultados para o empreendimento, sem frustrar o caráter competitivo para a sua execução;
>
> d) informações que possibilitem o estudo e a dedução de métodos construtivos, instalações provisórias e condições organizacionais para a obra, sem frustrar o caráter competitivo para a sua execução;
>
> e) subsídios para montagem do plano de licitação e gestão da obra, compreendendo a sua programação, a estratégia de suprimentos, as normas de fiscalização e outros dados necessários em cada caso;
>
> f) **orçamento detalhado do custo global da obra**, fundamentado em quantitativos de serviços e fornecimentos propriamente avaliados; (destaques deste autor)

Em especial no que diz respeito às **licitações de obras e serviços**, por força do art. 7º da Lei de Licitações e Contratos, o rito licitatório deverá observar a seguinte sequência (Figura 4):

Figura 4. Sequência a ser observada em licitações de obras e serviços

Projeto Básico ➡ Projeto Executivo ➡ Execução das obras e serviços

Fonte: elaborada pelo autor.

Ao passo que o Projeto Básico apresenta o conjunto de elementos necessários e suficientes para caracterizar a obra ou o serviço, o **Projeto Executivo** torna sua execução possível, tendo em vista que apresenta o **nível máximo de detalhamento possível**. De acordo com o inciso X do art. 7º da Lei de Licitações e Contratos:

> X – **Projeto Executivo** – o conjunto dos elementos necessários e suficientes à **execução completa da obra**, de acordo com as normas pertinentes da Associação Brasileira de Normas Técnicas – ABNT; (destaques deste autor)

O Projeto Básico deve ser prévio à licitação. As obras e serviços somente poderão ser licitados quando houver projeto básico aprovado pela autoridade competente e estiver disponível para exame dos interessados em participar do processo licitatório (art. 7º, § 2º, da Lei nº 8.666/93). Ainda, o instrumento convocatório deverá indicar o local onde poderá ser examinado e adquirido o projeto básico pelos licitantes (inciso IV, art. 40 da Lei nº 8.666/93). De modo geral, ainda, o projeto básico constitui um dos próprios anexos do instrumento convocatório (inciso I, § 2º, art. 40 da Lei nº 8.666/93).

Já no que concerne ao **Projeto Executivo, não há obrigatoriedade de que seja prévio à realização do procedimento licitatório**. O Projeto Executivo poderá ser desenvolvido concomitantemente (= ao mesmo tempo) à execução de obras e prestação de serviços, se autorizado pela Administração.

No caso específico das licitações conduzidas na modalidade **pregão**[5], o projeto básico é substituído por um documento mais simples, denominado

---
5 Previsão legal para o Termo de Referência consta do Decreto nº 5.450/2005:
Art. 9º Na fase preparatória do pregão, na forma eletrônica, será observado o seguinte:
I – elaboração de termo de referência pelo órgão requisitante, com indicação do objeto de forma precisa, suficiente e clara, vedadas especificações que, por excessivas, irrelevantes ou desnecessárias, limitem ou frustrem a competição ou sua realização;
II – aprovação do termo de referência pela autoridade competente;

Termo de Referência. A maior simplicidade deste documento é justificada ante o fato de os bens licitados por meio de pregão serem comuns, não guardando complexidades significativas.

O Termo de Referência deverá conter:

- descrição do objeto do certame, de forma precisa, suficiente e clara;
- critérios de aceitação do objeto;
- critérios de avaliação do custo do bem ou serviço pela Administração, considerando os preços praticados no mercado;
- valor estimado em planilhas de quantitativos e preços unitários, se for o caso;
- prazo de execução do serviço ou de entrega do objeto;
- definição dos métodos e estratégia de suprimento;
- cronograma físico-financeiro, se for o caso;
- deveres do contratado e do contratante;
- prazo de garantia, quando for o caso;
- procedimentos de fiscalização e gerenciamento do contrato;
- sanções por inadimplemento.

3.3. MODELO DE TERMO DE REFERÊNCIA E PREENCHIMENTO EM PROCESSOS DE AQUISIÇÃO/CONTRATAÇÃO

Até meados da década passada, a Câmara dos Deputados não dispunha de um modelo institucionalizado de Termo de Referência que servisse de padrão para a instrução de seus processos de aquisição/contratação. Logicamente, os elementos indispensáveis à fase interna constavam dos processos, mas de forma dispersa e não homogênea, diferindo significativamente a depender da prática adotada pelo órgão requisitante. Este fato implicava maiores dificuldades não só ao próprio setor de compras, mas também às instâncias jurídicas, responsáveis pela verificação global do atendimento aos requisitos legais nos autos.

Dessa forma, iniciou-se, em 2008, um projeto específico com o objetivo de construir o modelo de Termo de Referência. Após um amplo *benchmarking*[6], consolidou-se o modelo que segue no Anexo 1 a este Capítulo, cuja implantação deu-se em meados de 2009. Uma das primeiras medidas – após um período

---

[6] Um bom repositório de modelos de termo de referência é passível de ser encontrado no sítio da Advocacia-Geral da União (AGU) na internet, no seguinte endereço: <http://www.agu.gov.br/page/content/detail/id_conteudo/142391>.

de experiência – foi prover esta nova prática de respaldo normativo. Com a edição da Portaria nº 117, de 19 de setembro de 2009, o Termo de Referência passou a ser de exigência obrigatória em todos os processos de aquisição/contratação da Câmara dos Deputados. É o preconizado pelo art. 1º da norma:

> O DIRETOR-GERAL DA CÂMARA DOS DEPUTADOS
>
> Considerando a proposta apresentada pelo Sr. Presidente da Comissão Permanente de Licitação, nos autos do processo nº 130.993/2009, objetivando a racionalidade, eficácia e celeridade nos procedimentos licitatórios da Câmara do Deputados, aprovada pelo Departamento de Material e Patrimônio e Diretoria Administrativa desta Casa,
>
> RESOLVE:
>
> Art. 1º Aprovar a **exigência obrigatória** do **modelo de Termo de Referência em todos os processos administrativos destinados à aquisição e fornecimento de bens e serviços**, no âmbito da Câmara dos Deputados, na forma constante do anexo único desta Portaria.
>
> Parágrafo único. Na hipótese de contratação de obras e serviços de engenharia, poderá ser adotado o Termo de Referência mencionado no caput deste artigo, sem prejuízo da elaboração de projeto básico exigido em lei. (destaque deste autor)

A despeito do ganho em qualidade na instrução processual, ao longo dos anos 2010 a 2012, uma série de **problemas** relativos ao Termo de Referência foi sendo trazida à baila, conforme síntese a seguir:

- **Problema 1: carência de treinamento**

Correspondendo a implantação do Termo de Referência a uma inovação significativa nas práticas do processo de aquisição/contratação, era de se esperar as eventuais resistências à mudança. Ademais, sendo o documento preenchido pela área requisitante (e não pela área de compras), usualmente menos afeta às exigências normativas típicas das licitações, ao se impor um formulário com nada menos do que 25 (vinte e cinco) itens a serem preenchidos, não só foram suscitadas diversas dúvidas, como também não se observou uma padronização, entre os diversos órgãos solicitantes, em seu preenchimento. Tais óbices seriam minimizados mediante o treinamento prévio do público que preenche o Termo de Referência, fato que não se deu de maneira integral.

• **Problema 2**: **exigência de um mesmo modelo de Termo de Referência para todas as aquisições/contratações**

A exigência de um único modelo de Termo de Referência para todas as aquisições/contratações da Câmara dos Deputados mostrou-se inadequada, em especial quando aplicada aos objetos mais simples, ou de menor vulto – como é o caso da dispensa por valor, prevista nos incs. I e II do art. 24 da Lei nº 8.666/93. Em tal situação, é usual que uma menor quantidade de informação do que a demandada nos 25 itens do Termo de Referência em comento seja suficiente para a instrução satisfatória do processo. Ao se impor, nesses casos, o preenchimento de um formulário com tal nível de complexidade, diversas dúvidas vieram à baila, gerando resistência da área solicitante. Não raramente o formulário era apensado ao processo com a minoria de seus campos preenchidos. Ademais, o órgão requisitante passou a pleitear o não preenchimento do documento nos casos de dispensa de licitação por valor, o que contrariava a Portaria nº 117/2009.

• **Problema 3**: **multiplicidade de papéis envolvidos no preenchimento do Termo de Referência**

Importante salientar que, num primeiro momento, o Termo de Referência foi concebido como um formulário a ser preenchido em um *software* de edição de textos, nos moldes do Microsoft Word. Convivendo a Câmara dos Deputados com seus processos em meio físico[7], após preenchido[8], o Termo de Referência é impresso e apensado aos autos.

Há de se considerar, contudo, a multiplicidade de papeis envolvidos no preenchimento do referido documento. Tais papéis são assim identificados e descritos:

(i) **Órgão solicitante**: trata-se do órgão/setor de onde parte a iniciativa da demanda, seja por ofício ou devido ao fato de que o objeto adquirido/contratado será usufruído em suas atividades;

(ii) **Órgão especificador**: trata-se do órgão/setor que detém a expertise acerca do objeto a ser adquirido/contratado e que, nessa condição, procede à elaboração das especificações técnicas requeridas;

(iii) **Orçamentista**: tem por atribuição a determinação do valor estimado para a contratação, depois de efetuada pesquisa de mercado.

Logicamente, esses papéis podem estar sobrepostos em um mesmo setor, a depender do caso. Como exemplo, cita-se a hipótese de um Departamento

---
7 implantação do processo eletrônico na Câmara dos Deputados é prevista para meados de 2016.
8 Em algumas situações, o preenchimento dava-se de forma manuscrita, após a impressão do formulário.

(ou Centro) de Informática demandar, por iniciativa própria, a aquisição de *tablets*. Nessa situação, o órgão de informática é, ao mesmo tempo, **solicitante** (por ser o detentor da iniciativa) e **especificador** (por deter o conhecimento técnico necessário para a confecção da especificação). Agora, se um Departamento de Pessoal demandar esses *tablets*, estará assumindo apenas o papel de órgão solicitante, sendo o de especificador inerente à área de informática[9].

Há campos, do Termo de Referência, cujo preenchimento é próprio do órgão solicitante – as justificativas da necessidade e do quantitativo são exemplos diretos que se enquadram nessa situação. Em contrapartida, há informações que devem ser providas pelo órgão especificador – especificação completa do objeto, requisitos ambientais, necessidade de amostras e protótipos, entre outros.

O Termo de Referência, sendo uma peça única, era preenchido por apenas uma unidade administrativa. Assim, apenas no caso de essa unidade acumular os papéis citados acima é que o seu preenchimento dava-se a contento. Nos demais contextos, os possíveis resultados, invariavelmente, eram de duas categorias: (i) quando o documento era preenchido pelo órgão solicitante (menos comum), as especificações eram de baixa qualidade, ou (ii) quando o documento ficava sob o encargo do órgão especificador, as justificativas que embasavam o pleito evidenciavam-se, usualmente, insatisfatórias.

- **Problema 4**: **carência de informações sobre os itens que compõem um pedido**

Em um termo de referência, devem ser providas informações em dois níveis: (i) em ótica micro, há informações que se relacionam de modo específico ao item de material/serviço que compõe o pedido e (ii), em ótica macro, há elementos atinentes à totalidade do pedido.

Assim, por exemplo, se, por um lado, a justificativa da necessidade da aquisição/contratação é afeta ao pedido em si, por outro, a informação se o material é de madeira ou de informática, ou, ainda, as informações sobre a indicação de marca/modelo são relativas ao item.

Não obstante, não há, no formulário inicialmente concebido, espaço para que as informações, por item, sejam prestadas. Na situação hipotética da aquisição de um lote (ou grupo) de material hidráulico, com 200 itens, dos quais 30 teriam indicação de marca (nem todas iguais), não só tal indicação, mas também a justificativa para tanto deve estar consignada no Termo de Referência.

---

9 Em organizações de menor porte, a departamentalização pode ser comprometida, não havendo especialização funcional significativa. Nesse caso, os papéis serão, invariavelmente, sobrepostos.

Ademais, no citado formulário, havia apenas um campo denominado "Justificativa", que congregava tanto aspectos de **mérito** à demanda quanto de **quantitativo** do objeto pleiteado. Não obstante, ao passo que o mérito é atinente à totalidade do pedido, a justificativa do quantitativo é informação que concerne a cada um dos itens que formam o pedido. Como resultado, enquanto o mérito era usualmente registrado pela área solicitante, a justificativa do quantitativo era apenas raramente consignada no termo de referência.

O preenchimento deficiente do termo de referência ao longo dos anos 2010 e 2011 ensejou um projeto específico, cujo produto final – o Termo de Referência Eletrônico – foi implantado a partir de 2013. Na próxima seção, discorrer-se-á sobre esta inovação.

3.3.1. O Termo de Referência Eletrônico

Ante os óbices anteriormente relatados, envidaram-se esforços para uma nova concepção em termos de prontificação do termo de referência, agora contando com subsídios de recursos de Tecnologia da Informação (TI). A nova lógica que subjaz o preenchimento deste documento é assim sintetizada:

- **Segregação dos papéis de solicitante e de especificador**

Ciente de que os papéis de solicitante e de especificador podem estar segregados em setores organizacionais distintos, deve-se prever a possibilidade de mais de um ator agir no preenchimento do termo de referência. Dessa maneira, o preenchimento do documento passa a ser um processo iniciado pela ação do solicitante e finalizado após as contribuições do especificador.

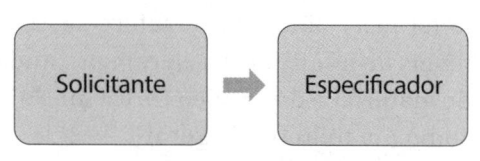

Solicitante ➡ Especificador

Nessa concepção, o **solicitante** não mais é confrontado com todos os campos do termo de referência, mas apenas com os essenciais para caracterizar a demanda de forma seminal. Haja vista não deter, de modo geral, o solicitante da *expertise* atinente ao objeto pleiteado, sua contribuição limita-se aos seguintes elementos, de preenchimento obrigatório, mediante uma interface simplificada[10]:

- objeto (ex.: aquisição de materiais de informática);
- justificativa da necessidade de aquisição (trata-se de justificativa de mérito);

---

10 Caso os papéis de solicitante e de especificador sejam acumulados pelo mesmo setor organizacional, esta etapa é suprimida, cabendo ao especificador o preenchimento direto do termo de referência.

- especificação preliminar dos itens que compõem o pedido;
- justificativa do quantitativo de cada item demandado;
- prazo de entrega/execução do objeto, por item demandado.

Logicamente, caso o solicitante detenha o conhecimento técnico necessário, a especificação pode aproximar-se da derradeira, após o crivo do especificador. Nesse caso, há campos adicionais, de preenchimento facultativo, tais como indicação e justificativa de marca, ou até mesmo a indicação de *sites* na internet que remetam a produtos similares, e que possam subsidiar o especificador em momento ulterior.

Uma vez concluída a etapa inerente ao solicitante, cabe ao **especificador** dar continuidade ao preenchimento do termo de referência. Para tanto, as informações providas pelo solicitante são "importadas" pelo especificador, devendo ser tratadas (como é o caso das especificações) ou diretamente remetidas ao documento final (como é o caso da justificativa de mérito e de quantitativo). Apenas quando concluídas as ações do especificador, o termo de referência é gerado pelo sistema.

- **Distintos níveis de informação**

Uma das inovações significativas do Termo de Referência Eletrônico refere-se à existência de dois níveis de informação a serem prestadas: o nível dos itens de material e de serviço (ótica micro) e o nível do pedido como um todo (ótica geral).

Nível do pedido
↑
Nível do item

As informações a serem prestadas em cada um dos níveis são arroladas no Quadro 9.

Quadro 9. Elementos, por nível de informação, a comporem o termo de referência (os itens marcados com * são de preenchimento obrigatório)

Nível geral (do pedido)	Nível do Item
Órgão(s) requisitante(s) – solicitante(s) e o responsável pela especificação*; Objeto*; Justificativa de mérito*; Identificação de contratação idêntica anterior (se houver); Instrumento de contratação a ser celebrado (nota de empenho, contrato, ata de registro de preços etc.);	Especificação*; Justificativa do quantitativo*; Indicação e justificativa de marca/modelo (se houver); Requisitos ambientais (se houver); Prazo para a entrega/execução do item*; Serviço de instalação (se houver); Garantia/assistência técnica (se houver); Necessidade de apresentação de amostra/protótipo (se houver);

Nível geral (do pedido)	Nível do Item
Valor estimado da contratação*; Necessidade de treinamento (se houver); Indicação da dotação orçamentária.	Necessidade de apresentação de laudo técnico (se houver); Necessidade de serviço de instalação (se houver).

Fonte: elaborado pelo autor.

Se as informações facultativas não forem prestadas, o campo correspondente será suprimido do termo de referência gerado, evitando o registro, no documento, de elementos que não agreguem valor. Ademais, mediante ferramentas de TI, o preenchimento das informações alusivas aos itens é facilitado, havendo a possibilidade de repeti-las para outros itens que compõem o pedido.

No Anexo 2 a este Capítulo, apensa-se termo de referência (hipotético) gerado de acordo com esta lógica.

Mediante a segregação de papéis (solicitante e especificador) e a distinção de níveis de informação (do pedido e do item), houve os seguintes impactos na instrução processual:

- incremento qualitativo nas informações prestadas no termo de referência, implicando melhora na instrução dos processos de aquisição/contratação;
- compartilhamento das responsabilidades entre órgão solicitante e especificador, nos casos em que tais unidades administrativas são distintas;
- simplificação da tarefa inerente ao órgão solicitante (que não é também especificador) no que concerne à quantidade de informações prestadas com vistas a uma aquisição/contratação;
- não houve ganhos significativos em termos de maior celeridade do processo de aquisição/contratação.

Uma vez mais contando com recursos de TI, após a implantação do termo de referência eletrônico, o próximo passo refere-se à possibilidade de **geração automatizada de minutas de edital e de contratos**, a partir dos elementos constantes daquele documento.

Para tanto, há a necessidade prévia de adoção de padrões de minutas de edital e de contratos no órgão ou entidade, usualmente definidos em função do objeto (material/serviço) e do regime de execução. Como exemplos, citam-se:

- edital/contrato para aquisição imediata de material;
- edital/contrato para fornecimento parcelado de material;
- edital/contrato para prestação imediata de serviço;
- edital/contrato para prestação continuada de serviço;
- edital/contrato para registro de preços;
- etc.

Com base nas informações constantes do termo de referência eletrônico, os padrões de edital (previamente definidos) são moldados ao caso concreto, preenchendo-se as lacunas existentes, suprimindo-se dispositivos e acrescentando outros. Por exemplo, caso haja determinado requisito ambiental, o texto correspondente será acrescido à minuta do instrumento convocatório. Caso não haja a necessidade de vistoria prévia às instalações físicas nas quais o objeto seja prestado, a exigência será suprimida.

ANEXO I
TERMO DE REFERÊNCIA / PROJETO BÁSICO
Versão 1.7 – 25.8.2009

1. ESPECIFICAÇÃO CONVENIENTEMENTE CADASTRADA COMO PEDIDO NO SIGMAS[11]:

DATA:

FL. DO PROCESSO:

2. ÓRGÃO(S) REQUISITANTE(S) (Lei nº 10.520/2002, art. 3º, I, c/c Portaria DG 103/2005, art. 1º)

Seção/Órgão	Contato	Ponto	Ramal

3. ÓRGÃO(S) RESPONSÁVEL(IS) PELA ESPECIFICAÇÃO (Lei nº 10.520/02, art. 3º, I e III, c/c Portaria DG 103/2005, art. 1º)

Seção/Órgão	Contato	Ponto	Ramal

4. OBJETO (Lei nº 10.520/2002, art. 3º, II – RPL, art. 8º, I, e art. 15)

Descrição **sucinta** do objeto a ser licitado, destacando-se as características mais relevantes da contratação. Ex.: *Aquisição de mamógrafo digital, com instalação e manutenção técnica preventiva e corretiva pelo período de 12 (doze) meses.*

5. HOUVE CONTRATAÇÃO ANTERIOR?

( ) NÃO

( ) SIM (preencher os campos abaixo)

---
11 SIGMAS = Sistema de Gestão de Material e Serviços = trata-se de um sistema informatizado voltado à Gestão de Materiais (e dos Serviços) na Câmara dos Deputados.

5.1. Nº do contrato vigente/expirado:

5.2. Nº licitação do contrato:

5.3. Nº processo da licitação:

6. INSTRUMENTO DA CONTRATAÇÃO A SER CELEBRADA:

( ) SOMENTE NOTA DE EMPENHO

( ) CONTRATO

( ) ATA DE REGISTRO DE PREÇOS

7. JUSTIFICATIVA (Lei nº 10.520/2002, art. 3º, I e III – RPL art. 2º XVII, *a*, art. 8º, I, Portaria 103/2005 DG art. 2º, I a IV e art. 3º I e II)

– fundamentação da necessidade da contratação, explicitando o critério de escolha desta entre outras alternativas disponíveis;

– relação entre a demanda prevista e a quantidade a ser contratada;

– resultados a serem alcançados em termos de economicidade e melhor aproveitamento dos recursos.

8. DETALHAMENTO*** (RPL, art. 8º, I e art. 2º, XVII, *a, b, c, d, e*, e art. 16 § 7º, I, e Lei nº 10.520/2002, art. 3º, II) ***** *IMPORTANTE: Definição precisa, suficiente e clara do objeto vedadas especificações que, por excessivas, irrelevantes ou desnecessárias, limitem a competição.***

8.1. Material confeccionado em MADEIRA?

( ) NÃO

( ) SIM (Observar Lei nº 9.605/98)

8.2. Material de INFORMÁTICA?

( ) NÃO

( ) SIM (Observar Lei nº 8.248/91)

8.3. Requisitos ambientais: A escolha do objeto considerou critérios ambientais no processo de produção, extração, beneficiamento, embalagem, descarte, dentre outros? (principalmente se material radioativo, baterias, agrotóxicos, resíduos hospitalares, óleos lubrificantes e pneus)

( ) NÃO

( ) SIM (detalhar)

8.4. Definição e especificação precisa e completa do objeto (RPL art. 8º, I, art. 16, § 7º, II)

– Incluindo, no mínimo, prazo para contratação, quantidade a ser contratada, unidades de medição, indicação de regime de fornecimento (integral ou parcelado), normas técnicas, potência, qualidade, cor (se necessário), dimensões, composição, materiais.

8.5. Prazo de entrega do objeto: (art. 3º, I, da Lei nº 10.520/2002)

8.5.1. Cronograma de entrega: aplica-se aos casos de fornecimento parcelado.

8.6. Serviços de Instalação

( ) NÃO

( ) SIM (detalhar)

8.7. Rotina de execução (frequência, periodicidade, procedimentos, metodologias, critério de medição de desempenho etc.):

8.8. Inclusão de arquivos no sistema SIGMAS: plantas, fotografias, desenhos etc.

( ) NÃO

( ) SIM (detalhar)

8.9. Marca e modelo (LGL, art. 15, I, art. 7º, § 5º – RPL, art. 16, I, art. 16, § 7º, I)

Somente poderá haver **exigência** de marca para atender ao princípio da padronização, ou quando tecnicamente justificável. Em qualquer caso, desde que não limite injustificadamente a competitividade do certame, poderá haver **indicação** de marcas para fins de **referência de comparação**, de modo a assegurar padrão mínimo de especificação de qualidade do objeto.

8.9.1. ( ) Não há indicação de marca ou modelo (serão aceitas quaisquer marcas que atendam integralmente às especificações)

8.9.2. ( ) Há indicação de marca ou modelo somente como referência para comparação (caráter meramente indicativo, podendo ser aceitas quaisquer marcas que atendam integralmente às especificações, sugerem-se no mínimo 3 marcas de referência):

8.9.3. ( ) **Há exigência de marca ou modelo** (a marca indicada deve, **necessariamente**, ser oferecida pelas licitantes)

8.10. Justificativa para a exigência de marca:

9. CONDIÇÕES DE GARANTIA / ASSISTÊNCIA TÉCNICA DO OBJETO
(Lei nº 10.520/2002, art. 3º, III – RPL, art. 8º, I) prazos de garantia, validade, fornecimento de peças ou materiais e demais condições.

Somente garantia de fábrica é suficiente?

( ) NÃO (Justificar)

( ) SIM (Justificar)

10. VALOR ESTIMADO DA CONTRATAÇÃO (LGL art. 40, § 2º, II, Lei nº 10.520/2002, art. 3º, III – RPL art. 6º, § 2º, II, art 8º, I – LGL art 15, V – Portaria/DG 103/2005 art. 5º e art. 2º, IV)

Informação dos preços estimados para a contratação, detalhados em seus custos unitários e totais, bem como da fonte dos dados que os subsidiaram (orçamento analítico elaborado por órgão da Casa; consulta dos preços praticados por pelo menos três fornecedores ou prestadores de serviços; contratações similares dentro do prazo de validade da proposta; adoção de valores constantes de indicadores setoriais, tabelas de fabricantes, valores oficiais de referência, tarifas públicas ou outros equivalentes), cuja documentação comprobatória deve constar dos autos. **OBS.: Verificar se as especificações dos objetos estimados conferem com exatidão com o solicitado.**

11. CONDIÇÕES DE RECEBIMENTO DO OBJETO (LGL, art. 40, XVI, art. 73 e art. 74 – RPL, art. 24, XIII, art. 16, § 7º, III)

- necessidade de o objeto possuir informações no rótulo/embalagem e/ou ser entregue juntamente com manuais técnicos (inclusive qual(is) o(s) idioma(s) exigido(s) em tais informações);

- prazos para recebimento provisório e recebimento definitivo do material ou serviço pela contratante, se for o caso;

- forma de acondicionamento do objeto (tipo de embalagem, quantidade por embalagem etc.);

- condições especiais de guarda e armazenamento e condições de deterioração;

- outras condições necessárias para o recebimento do objeto.

12. LOCAL(AIS) DE ENTREGA E/OU INSTALAÇÃO (RPL art. 16, § 8º)

Endereço completo e outras informações consideradas necessárias.

13. ÓRGÃO(S) FISCALIZADOR(ES) OU COMPETENTE(S) (LGL, art. 67 – RPL, art. 24 XIV)

Indicação do(s) órgão(s) responsável(is) pelo recebimento dos bens ou serviços ou pelos procedimentos de fiscalização do contrato. (informações mínimas: endereço, telefone, servidor designado e horário disponível para atendimento)

14. AMOSTRAS (LGL, art. 43, § 3º)

( ) NÃO

( ) SIM (detalhar)

Prazo de apresentação, local de apresentação, contato para apresentação de protótipos. Indispensável assinalar critérios objetivos de avaliação de conformidade, inclusive testes, ensaios e provas necessárias.

15. LAUDO TÉCNICO (LGL, art. 43, § 3º)

Será necessária a apresentação de:

- Laudo Técnico durante o processo licitatório para comprovação das características técnicas exigidas no edital e/ou;
- Laudo Técnico quando do fornecimento do objeto da licitação, com indicação da periodicidade da apresentação deste.

Em ambos os casos, indicar quais os critérios de aceitabilidade do laudo: informações obrigatórias, normas técnicas aplicáveis, laboratórios emitentes etc.

16. VISTORIA DA LICITANTE (LGL, art. 43, § 3º)

( ) NÃO

( ) OBRIGATÓRIA (detalhar)

( ) FACULTATIVA (detalhar)

Telefones e funções das pessoas que farão o agendamento de vistoria, vedada a indicação de nomes completos. Indicação de itens a serem observados obrigatoriamente, detalhes de declaração de vistoria, se couber, demais disposições pertinentes.

17. DEMAIS OBRIGAÇÕES DA CONTRATADA/ADJUDICATÁRIA (Lei nº 10.520/2002, art. 3º, I)

Cláusulas do contrato com especificação das obrigações da contratada necessárias ao efetivo cumprimento do objeto contratual.

18. OBRIGAÇÕES DA CONTRATANTE (Lei nº 10.520/2002, art. 3º, I – RPL art. 24, XII)

19. CONDIÇÕES ESPECIAIS DE HABILITAÇÃO (Lei nº 10.520/2002, art. 3º, I, II e III; art. 4º, III – RPL art. 24, VI) **OBS.: Somente admitidas se não restringirem o caráter competitivo da licitação.**

- Além daquela do art. 4º, XIII da Lei nº 10.520/2002:
- atestado (descrição completa e objetiva);
- registro em conselhos de classe;
- outra documentação de habilitação;
- necessidade de patrimônio líquido, ou de índices de liquidez.

Utilize este espaço também para indicar a necessidade de DECLARAÇÕES prestadas pela licitante vencedora.

20. TABELA DE MULTAS (somente no caso de contratos) (Lei nº 10.520/2002, arts. 3º, I, e 7º – RPL art. 24, III) Relação das hipóteses de infração das disposições editalícias e/ou contratuais e suas respectivas sanções administrativas, abrangendo, no caso da aplicação de multas, seu percentual e respectiva base de cálculo. Em especial considerar os percentuais de multa diária por: atraso injustificado; inexecução parcial; inexecução total; deixar de atender a outras obrigações contratuais.

21. GARANTIA CONTRATUAL (somente no caso de contratos) (LGL, art. 56, §§ 1º a 5º – RPL, art. 16, I, art. 24, XII, "e", art. 93, *caput*):

- limite máximo 5% sobre o valor contratado;
- outras garantias contratuais.

É necessário justificar a necessidade.

22. EXISTE DOTAÇÃO ORÇAMENTÁRIA PARA O EXERCÍCIO? (Lei Complementar 101/2000, art. 16 – RPL art 8º, II, art 6º, § 2º, III, art 15º).

( ) NÃO

( ) SIM (informar valor, programa de trabalho e natureza da despesa)

23. TREINAMENTO

Caso exista treinamento como acessório ao bem ou serviço principal, tal como treinamento de uso ou manutenção, detalhar o critério de avaliação do instrutor, condições de recondução do treinamento, carga horária e conteúdo mínimo, material didático e provisão ou não de salas de aula.

24. OUTRAS INFORMAÇÕES RELEVANTES (LGL, art. 40, XVII – RPL art. 24, XV)

Outras indicações específicas ou peculiares da licitação, tais como editais ou registros de preços de outros órgãos.

25. SERVIDOR RESPONSÁVEL PELA ELABORAÇÃO DO TERMO DE REFERÊNCIA

DATA:
ASSINATURA: _____
NOME:
PONTO:
LOTAÇÃO:
RAMAL:
CHEFIA IMEDIATA:
ASSINATURA: _____
NOME:
PONTO:

REFERÊNCIAS LEGAIS

LGL – Lei nº 8.666/93, Lei Geral das Licitações.

RPL – Ato da Mesa 80 de 2001, Regulamento dos Procedimentos Licitatórios da Câmara dos Deputados.

Lei nº 10.520/2002 – Lei do pregão.

Portaria-DG 103/2005.

ANEXO II
TERMO DE REFERÊNCIA / PROJETO BÁSICO

ÓRGÃO(S) REQUISITANTE(S)

Seção/Órgão	Contato	Ponto	Ramal
APROGE – ASSESSORIA DE PROJETOS E GESTÃO	XXXXX	XXX	XXXX

ÓRGÃO(S) RESPONSÁVEL(IS) PELA ESPECIFICAÇÃO

Seção/Órgão	Contato	Ponto	Ramal
CENIN – CENTRO DE INFORMÁTICA	XXXXX	XXX	XXXX

OBJETO

Aquisição de material de informática.

HOUVE CONTRATAÇÃO ANTERIOR? SIM

NR. LICITAÇÃO DO CONTRATO: Pregão nº 5/2012

INSTRUMENTO DA CONTRATAÇÃO A SER CELEBRADA: SOMENTE NOTA DE EMPENHO

JUSTIFICATIVA

Trata-se de materiais indispensáveis à boa condução dos serviços inerentes ao Escritório Setorial de Projetos, que exigem mobilidade dos servidores pelas diversas áreas da Câmara dos Deputados.

VALOR ESTIMADO DA CONTRATAÇÃO

R$ 22.500,00

ÓRGÃO(S) RESPONSÁVEL(IS)

Escritório Setorial de Projetos.

EXISTE DOTAÇÃO ORÇAMENTÁRIA PARA O EXERCÍCIO?

PTRES: XXXX

DETALHAMENTO

1 MEMÓRIA FLASH USB – PENDRIVE – 4 GB

Material de INFORMÁTICA? SIM

Definição e especificação precisa e completa do objeto

CARACTERÍSTICA(S): compatível com USB 2.0, com pelo menos 4 GB (quatro gigabytes) de armazenamento, conector tipo A macho; que possa ser pendurado em um chaveiro comum; logomarca da Câmara dos Deputados impressa na parte externa do revestimento do dispositivo, conforme modelo anexo.

GARANTIA MÍNIMA: 06 (seis) meses, contados da data do recebimento definitivo.

ACONDICIONAMENTO: embalagem original de fábrica, com identificação e quantidade do material.

Prazo de entrega do objeto

20 dias corridos

Recebimento Dual? NÃO

Prazo de recebimento definitivo

10 dias corridos

Marca e Modelo

NÃO HÁ INDICAÇÃO DE MARCA/MODELO (serão aceitas quaisquer marcas que atendam integralmente às especificações).

Prazo de Garantia

06 (seis) meses, contados da data do recebimento definitivo.

Justificativa da Quantidade: 5

Os pen drives serão destinados à reposição de 5 dispositivos avariados no último semestre.

2 MICROCOMPUTADOR PORTÁTIL TIPO "NOTEBOOK"

Material de INFORMÁTICA? SIM

Definição e especificação precisa e completa do objeto

CARACTERÍSTICA(S): processador com tecnologia de, no mínimo, 2 (dois) núcleos e instruções de virtualização; SYSmark 2012 Preview Rating de, no mínimo, 210 (duzentos e dez); capacidade de redirecionamento do boot; possibilidade de acesso remoto mesmo com o microcomputador desligado ou com o sistema operacional inacessível; memória com capacidade mínima de 8 Gb (oito gigabytes), expansível até 16 Gb (dezesseis gigabytes); unidade de armazenamento (SSD) com capacidade mínima de 120 Gb (cento e vinte gigabytes); interface de rede local padrão Ethernet 10/100/1000 "autosensing"; 03 (três) portas USB ("Universal Serial Bus"); 01 (um) leitor de SmartCard; bateria de íons de lítio com, no mínimo, 4 (quatro) células; apontadores tipo "touchpad" e "tackpoint" e "mouse"; tela WXGA com diagonal entre 14" (quatorze polegadas) e 15,5" (quinze polegadas e meia); controladora de rede sem fio compatível com os padrões IEEE 802.11a, IEEE 802.11b, IEEE 802.11g e IEEE 802.11n; peso máximo de 1,9 kg (um quilograma e novecentas gramas); leitor biométrico de digitais ("fingerprint") integrado ao gabinete.

GARANTIA MÍNIMA: 48 (quarenta e o oito) meses, contados da data do recebimento definitivo.

ACONDICIONAMENTO: embalagem original de fábrica, lacrada, com identificação, quantidade do produto e documentação, com maleta ou bolsa para notebook que comporte e proteja contra impactos, todos os componentes do equipamento, incluindo a fonte de alimentação.

Prazo de entrega do objeto

30 dias corridos

Recebimento Dual? NÃO

Prazo de recebimento definitivo

10 dias corridos.

Marca e Modelo

NÃO HÁ INDICAÇÃO DE MARCA/MODELO (serão aceitas quaisquer marcas que atendam integralmente às especificações).

Prazo de Garantia

48 (quarenta e o oito) meses, contados da data do recebimento definitivo.

Justificativa da Quantidade: 20

Os computadores serão distribuídos aos 20 membros do Escritório Setorial de Projetos, cuja atuação demanda mobilidade dos servidores entre as diversas áreas da Câmara dos Deputados.

SERVIDOR RESPONSÁVEL PELA ELABORAÇÃO DO TERMO DE REFERÊNCIA

DATA __/__/__ ASSINATURA _____

NOME _____

PONTO _____ LOTAÇÃO _____ RAMAL _____

CHEFIA IMEDIATA

ASSINATURA _____

NOME _____

PONTO _____ CARGO _____

REFERÊNCIAS LEGAIS

LGL – Lei nº 8.666/93, Lei Geral das Licitações.

RPL – Ato da Mesa 80 de 2001, Regulamento dos Procedimentos Licitatórios da Câmara dos Deputados.

Lei nº 10.520/2002 – Lei do Pregão.

Portaria-DG 103/2005.

Capítulo 4
Estimativa de Preços em Processos Licitatórios

4.1. INTRODUÇÃO

Subprocesso inerente à fase interna das licitações, a estimativa de preços apresenta-se como fator crítico de sucesso às compras públicas. Se, em teoria, a coleta de preços e a consolidação do montante estimado não denotam maiores complexidades, a prática traz à baila uma realidade mais intrincada.

Por um lado, um preço subestimado implica maiores probabilidades de fracasso do certame, desclassificando-se as propostas por preço excessivo. Por outro, no entanto, um valor superestimado incrementa as chances de a Administração despender um montante a maior do que o correspondente ao preço justo.

Ademais, o processo de estimativa de preços não raramente responde por interstício considerável da fase interna da licitação, podendo perdurar por meses.

Neste capítulo, serão elucidadas rotinas passíveis de emprego no processo de pesquisa de preços, capazes de prover maior celeridade e de culminar na obtenção de valores condizentes com os praticados com a Administração Pública.

4.2. OS CONCEITOS DE PREÇO ESTIMADO E DE MERCADO

Meirelles (2003) define preço como a retribuição pecuniária do valor do bem, do serviço ou da atividade que se compra ou que se utiliza mediante remuneração. Segundo esse autor, o preço é dito **privado** quando estabelecido em livre concorrência; **semiprivado** quando há a interferência da Administração Pública em sua composição e, finalmente, **público** quando a Administração age unilateralmente fixando-o, independente das leis de mercado.

Andrade (2003, p. 207), por sua vez, apresenta, da seguinte forma, o conceito de **preço de mercado**:

> Se o preço é a retribuição pecuniária do valor do bem concebido numa relação *transparente* de oferta e procura, inserida numa concepção de justiça, direito, moralidade, economia e reciprocidade, temos então que nas condições acima dispostas, teoricamente o *preço de mercado* corresponderá ao *preço justo*, ou seja, o *preço justo é aquele que não repudia o útil ou o lucro, apenas o abuso*.

Deste modo, a tarefa de estimar preços visando a uma futura contratação pela Administração Pública pode ser traduzida como a pesquisa de **preços de mercado**, a qual é seguida de um tratamento matemático dos valores colhidos. A Corte de Contas, através de seu *Manual de Licitações e Contratos* (2010, p. 86-87), assim assenta os conceitos de preço estimado / de mercado:

> Preço estimado é um dos parâmetros de que dispõe a Administração para julgar licitações e efetivar contratações. **Deve refletir o preço de mercado**, levando em consideração todos os fatores que influenciam na formação dos custos.
>
> Preço de mercado de determinado produto é aquele que se estabelece na praça pesquisada, com base na oferta e na procura. Diz-se também que é o corrente na praça pesquisada. (destaque deste autor)

É mister, ainda, distinguir os conceitos de *preço orçado* e de *preço máximo*. Nesse sentido, eis o que dispõe o Acórdão nº 2.688/2013 – Plenário, do Tribunal de Contas da União:

> [...] "orçamento", "valor orçado", "valor de referência" ou "valor estimado" não se confundem com "**preço máximo**": o valor orçado, a depender de previsão editalícia, pode eventualmente ser definido como o preço máximo a ser praticado em determinada licitação, mas não necessariamente. Num dado certame, por exemplo, o preço máximo poderia ser definido como o valor orçado acrescido de determinado percentual. São conceitos, portanto, absolutamente distintos, que não se confundem. (destaque deste autor)

Desta sorte, a tarefa do gestor público reside na determinação do *preço de mercado* do objeto a ser licitado. Na próxima seção, abordaremos algumas orientações legais e jurisprudenciais em prol da obtenção do preço de mercado.

4.3. ORIENTAÇÕES LEGAIS E JURISPRUDENCIAIS PARA A OBTENÇÃO DO PREÇO DE MERCADO

Orientação basilar à estimativa de preços nas compras públicas, o inciso V do art. 15 da Lei nº 8.666/93 estatui que as compras, sempre que possível, deverão *balizar-se pelos preços praticados no âmbito dos órgãos e entidades da Administração Pública*.

A Lei de Licitações e Contratos, estabelece, ainda, a obrigatoriedade de se fixar critérios de aceitabilidade de preços, permitindo o registro de preços máximos, o que implica, por sua vez, a necessidade de estimativa prévia dos preços de mercado. O disposto no inc. II do § 2º do art. 40 da referida lei reforça a necessidade de pesquisa, visando à construção do orçamento.

> Art. 40. O edital conterá no preâmbulo o número de ordem em série anual, o nome da repartição interessada e de seu setor, a modalidade, o regime de execução e o tipo da licitação, a menção de que será regida por esta Lei, o local, dia e hora para recebimento da documentação e proposta, bem como para início da abertura dos envelopes, e indicará, obrigatoriamente: [...]
>
> X – o critério de aceitabilidade dos preços unitário e global, conforme o caso, permitida a fixação de preços máximos e vedados a fixação de preços mínimos, critérios estatísticos ou faixas de variação em relação a preços de referência [...]
>
> § 2º Constituem anexos do edital, dele fazendo parte integrante: [...]
>
> II – orçamento estimado em planilhas de quantitativos e preços unitários;

Já no âmbito da operacionalização do certame, preconiza-se a verificação da conformidade dos preços das propostas com os correntes do mercado, fixados por órgão oficial competente ou constantes do sistema de registro de preços.

> Art. 43. A licitação será processada e julgada com observância dos seguintes procedimentos: [...]

IV – verificação da conformidade de cada proposta com os requisitos do edital e, conforme o caso, com os preços correntes no mercado ou fixados por órgão oficial competente, ou ainda com os constantes do sistema de registro de preços, os quais deverão ser devidamente registrados na ata de julgamento, promovendo-se a desclassificação das propostas desconformes ou incompatíveis; [...]

A jurisprudência firmada pelo Tribunal de Contas da União (TCU), no que concerne à estimativa de custos, é vasta. Segue, pois, extrato compilado destes documentos (Quadro 10):

Quadro 10. Extrato da jurisprudência do Tribunal de Contas da União, afeta à estimativa de preços.

Documento	Extrato
Acórdão nº 3.095/2014 – Plenário	"Não existe percentual tolerável de sobrepreço global. **Os valores pagos pelas compras e contratações da Administração não podem exceder os preços de mercado**, cujos valores máximos, no caso da contratação de obras e serviços de engenharia, estão indicados no SICRO e no SINAPI."
Acórdão nº 2.816/2014 – Plenário	"É recomendável que a pesquisa de preços para a elaboração do orçamento estimativo da licitação **não se restrinja a cotações realizadas junto a potenciais fornecedores, adotando-se, ainda, outras fontes como parâmetro, como contratações similares realizadas por outros órgãos ou entidades públicas**, mídias e sítios eletrônicos especializados, portais oficiais de referenciamento de custos."
Acórdão nº 2.147/2014 – Plenário	"É da competência da comissão permanente de licitação, do pregoeiro e da autoridade superior verificar se houve recente pesquisa de preço junto a fornecedores do bem a ser licitado e se essa pesquisa observou critérios aceitáveis."
Acórdão nº 2.166/2014 – Plenário	"Na modalidade pregão, o orçamento estimado não constitui elemento obrigatório do edital, devendo, contudo, estar inserido no processo relativo ao certame. Todavia, sempre que o preço de referência for utilizado como critério de aceitabilidade da proposta, a sua divulgação no edital é obrigatória, nos termos do art. 40, inc. X, da Lei nº 8.666/93."
Acórdão nº 1.607/2014 – Plenário	"Em procedimento de dispensa de licitação, devem constar, no respectivo processo administrativo, elementos suficientes para comprovar a compatibilidade dos preços a contratar com os vigentes no mercado ou com os fixados por órgão oficial competente, ou, ainda, com os que constam em sistemas de registro de preços."

Documento	Extrato
Acórdão nº 2.149/2014 – Primeira Câmara	"Os preços obtidos pela Administração na fase interna da licitação, em coletas destinadas apenas a formar o preço de referência dos bens e serviços a serem licitados, não vinculam as propostas que eventualmente os fornecedores venham a apresentar no certame. Logo, esses preços não se mostram hábeis a compor o referencial utilizado na quantificação de aparente superfaturamento de preços. A comparação para esse fim há de considerar os preços efetivamente praticados pelo mercado fornecedor em situação semelhante."
Acórdão nº 694/2014 – Plenário	"Na fixação dos valores de referência da licitação, além de pesquisas de mercado, devem ser contemplados os preços praticados por outros órgãos e entidades da Administração Pública, nos termos do art. 15, inc. V e § 1º, da Lei nº 8.666/93."
Acórdão nº 2.688/2013 – Plenário	"Nos termos da Súmula TCU 259, a fixação de preços máximos é obrigatória apenas nas contratações de obras e serviços de engenharia. Nas demais contratações, é facultativa, podendo, por exemplo, o preço máximo ser definido com base no valor orçado, mas sempre em conformidade com o mercado."
Acórdão nº 1.153/2013 – Plenário	"A estimativa de custo do objeto do pregão pode constar apenas nos autos do procedimento da licitação, devendo o respectivo edital, nesse caso, ter de informar aos interessados os meios para obtê-la."
Acórdão nº 1.750/2011 – Plenário	"Para a pesquisa de preços a ser feita por instituição pública contratante não há exigência legal de que o agente público efetue checagem prévia dos preços a serem praticados entre o futuro contratado e seus fornecedores".
Acórdão nº 1.266/2011	"No caso de impossibilidade de obtenção de preços referenciais, via sistemas oficiais, para a estimativa dos custos em processos licitatórios, deve ser realizada pesquisa contendo o mínimo de três cotações de empresas/fornecedores distintos, fazendo constar do respectivo processo a documentação comprobatória pertinente aos levantamentos e estudos que fundamentaram o preço estimado, devendo ser devidamente justificadas as situações em que não for possível atingir o número mínimo de cotações."
Acórdão nº 3.026/2010 – Plenário	[Há] "Responsabilidade do pregoeiro pela pesquisa de preços sem a obtenção de, no mínimo, três orçamentos de fornecedores distintos."

Documento	Extrato
Acórdão nº 1.888/2010 – Plenário	"Portanto, seria razoável admitir que o preço estimado pela administração, em princípio, seja aquele aceitável [...] ou o máximo que ela esteja disposta a pagar na contratação pretendida, fazendo com que todos os esforços de negociação com os licitantes se desenvolvam em torno dessa importância". O relator também frisou que esse critério de aceitação não é absoluto, podendo ter a sua validade confirmada ou não na prática. Em geral, quando o menor preço ofertado é superior ao valor de referência, é porque houve um trabalho de pesquisa mal elaborado, podendo ainda ter ocorrido uma distribuição de mercados entre os licitantes, para eliminação da livre concorrência, afora a possibilidade da existência de circunstâncias supervenientes à fixação do preço referencial."
Acórdão nº 714/2010 – Plenário	"[...] inclua obrigatoriamente o orçamento no Termo de Referência, ficando a critério do gestor, no caso concreto, a avaliação da oportunidade e conveniência de incluir tal Termo de Referência, ou o próprio orçamento, no edital, ou de informar, nesse mesmo edital, a disponibilidade do orçamento aos interessados e os meios para obtê-lo".
Manual de Licitações e Contratos (TCU)	"As contratações públicas somente poderão ser efetivadas após estimativa prévia do seu valor, que deve obrigatoriamente ser juntada ao processo de contratação e, quando for o caso, ao edital ou convite".
Acórdão nº 301/2005 – Plenário	"Realize pesquisa de preços como forma de cumprir a determinação contida no art. 43, inc. IV, da Lei de Licitações, fazendo constar formalmente dos documentos dos certames a informação sobre a equivalência dos preços."
Acórdão nº 1544/2004 – Segunda Câmara	"Realize pesquisa de preço para verificação das propostas apresentadas com os preços de mercado, conforme determina o art. 43, inc. IV, da Lei nº 8.666/93."
Acórdão nº 861/2004 – Segunda Câmara	"Elabore orçamento com vistas à estimativa de custos do objeto licitado, prévio à fase externa da licitação, estimado em planilhas de quantitativos e preços unitários, elemento integrante do edital, conforme exigido no art. 40, § 2º, inc. II, e 43, inc. IV, da Lei nº 8.666/93".
Acórdão nº 828/2004 – Segunda Câmara	"Promova, em todos os procedimentos licitatórios, a realização, de pesquisa de preços **em pelo menos duas empresas pertencentes ao do objeto licitado** ou consulta a sistema de registro de preços, visando aferir a compatibilidade dos preços propostos com os praticados no mercado, nos termos do disposto no inc. V, § 1º, art. 15 e inc. IV, art. 43, da Lei nº 8.666, de 1993 e Decisões nºs 431/93-TCU Plenário, 288/96-TCU Plenário e 386/97-TCU Plenário".

Documento	Extrato
Acórdão nº 463/2004 – Plenário	"Cuide para que as **estimativas de preços**, nas futuras licitações, sejam coerentes com os valores praticados no mercado, de modo que possam servir de efetivo parâmetro para as contratações a serem realizadas".
Acórdão nº 100/2004 – Segunda Câmara	"Efetue pesquisa de preços ou outro procedimento que permita verificar conformidade das propostas com os preços correntes no mercado ou por órgão oficial competente, fazendo constar dos respectivos processos licitatórios o procedimento utilizado (Lei nº 8.666/93, art. 43, IV)".
Acórdão nº 195/2003 – Plenário	"Observe ao disposto no art. 7º, § 2º, inc. II da Lei nº 8.666/93, ou seja, a necessidade de fazer constar do Edital de Licitação o demonstrativo do valor estimado do contrato".

Fonte: compilado pelo autor, a partir de dados do sítio do TCU na internet.

Não obstante, a despeito da exigência em pauta, a Lei de Licitações e Contratos não fornece uma metodologia para o cálculo do preço estimado, consoante o corroborado pelo Acórdão do Tribunal de Contas da União nº 335/2007 – Plenário, cujo extrato é transcrito abaixo:

> A Lei nº 8.666, de 21 de junho de 1993, não estabelece, de fato, método de verificação da conformidade de cada proposta com os preços correntes no mercado, cuja observância e eventual desclassificação em caso de não conformidade faz obrigatória na forma do seu art. 43, inc. IV. Evidentemente, tal não desobriga o agente público de fazer tal verificação de modo criterioso. Porque se constitui mesmo num dever seu, em vista do princípio da moralidade administrativa, empreender a obtenção dos preços exequíveis mais favoráveis ao Erário, o que é possível a partir de um parâmetro bem estabelecido por meio da verificação cuidadosa de conformidade aludida.

Esta lacuna é preenchida por critérios heterogêneos nos diversos órgãos públicos brasileiros. Furtado (2008) considera o valor estimado de uma contratação um dado resultante muitas vezes de um critério subjetivo de análise por parte do gestor que realiza a pesquisa, pois, diante da constatação de diversos orçamentos com valores díspares, o gestor terá que optar por considerar todos ou o menor valor, ou ainda excluir aqueles que entende ser naquele momento fora da "realidade de mercado".

Diante da falta de metodologia normatizada, há somente um denominador comum em toda a Administração: obter o preço final de contratação mais vantajoso. Não raras são as ocasiões, entretanto, nas quais o gestor deve optar entre a obtenção de um preço estimado relativamente elevado – incorrendo-se no risco da aquisição do objeto por um valor oneroso ao órgão público, e a de um montante de menor expressão – implicando maior probabilidade de a licitação ser deserta.

A doutrina não supre a carência exposta. Há somente tênue jurisprudência do Tribunal de Contas da União, remetendo a conceitos estatísticos de tratamento dos dados, sem consolidar uma regra uniforme. Referente a essa jurisprudência, ressaltam-se os seguintes acórdãos:

Quadro 11. Jurisprudência do Tribunal de Contas da União, afeta ao tratamento estatístico de preços coletados.

Documento	Extrato
Acórdão nº 1.061/2014 – Plenário	"É ilegal estabelecer faixa de variação em relação a preços de referência, como critério de aceitabilidade de preço global, pois ofende o disposto no art. 40, inc. X, da Lei nº 8.666/93."
Acórdão nº 2.943/2013 – Plenário	"Na elaboração de orçamentos destinados às licitações, deve a administração desconsiderar, para fins de elaboração do mapa de cotações, as informações relativas a empresas cujos preços revelem-se evidentemente fora da média de mercado, de modo a evitar distorções no custo médio apurado e, consequentemente, no valor máximo a ser aceito para cada item licitado."
Acórdão nº 403/2013 – Primeira Câmara	"A pesquisa de preços que antecede a elaboração do orçamento de licitação demanda avaliação crítica dos valores obtidos, a fim de que sejam descartados aqueles que apresentem grande variação em relação aos demais e, por isso, comprometam a estimativa do preço de referência".
Acórdão nº 3.068/2010 – Plenário	"Os preços dos insumos constantes da planilha orçamentária são mais bem representados pela média, ou mediana uma vez que constituem medidas de tendência central, e não pelo menor dos preços pesquisados no mercado."
Acórdão nº 3.059/2010 – Plenário	"Na composição da planilha orçamentária, devem ser considerados possíveis descontos em razão da escala da contratação."
Acórdão nº 109/2007 – Segunda Câmara	"É de se inferir que a ocorrência de grande desvio padrão entre as ofertas indicam anomalias, autorizando ilações acerca da inviabilidade da execução de algumas propostas. Tais constatações servem de indício de que as exigências editalícias tenham sido insuficientes para evitar a apresentação de propostas inexequíveis, colocando em risco a boa execução do contrato".

Documento	Extrato
Acórdão nº 211/1998 – Primeira Câmara	"Os trabalhos foram realizados com base em preços médios de mercado que, na maioria dos casos, apresentavam significativas diferenças entre os fornecedores pesquisados. Em termos estatísticos, estamos diante de amostras reduzidas que apresentam, no mais das vezes, elevado desvio padrão em torno da média (2 a 6 cotações)."
Acórdão nº 774/2005 – Plenário	"Obtidos os dados apresentados na tabela 12, os avaliadores desconsideraram as diferenças de classes a que os dados se referiam e, simplesmente, eliminaram os elementos extremos do universo de dados. Com isso, restaram apenas os oito elementos hachurados da tabela, dos quais se obteve a média de R$ 110,00/ hectare, valor que foi utilizado na avaliação das três fazendas. O preço das fazendas foi obtido multiplicando-se a referida média pelas respectivas áreas totais, independentemente da qualidade da terra de cada uma delas. [...] Resumindo, os peritos que avaliaram a fazenda Buraco Seco manipularam dados de mercado de imóveis de diferentes Municípios sem apresentar qualquer justificativa para o aproveitamento de uns e o descarte de outros, e sem utilizar fatores de homogeneização, chegando a um valor da terra nua que não possui embasamento estatístico."
Acórdão 1.566/2005 – Plenário	"Administração central – foi adotado pelo consórcio o percentual de 8,00%. Trata-se de despesa com a administração do empreendimento que deve ser repassada pelas empresas ao custo dos seus produtos e serviços. [...] Quanto à taxa de 8% para compensar essas despesas, o percentual adotado é razoável para obras com dependência de escritório central. O estudo elaborado pela FIPE, tomando como base a variação percentual das despesas administrativas em relação à receita bruta, chegou aos seguintes resultados, para um universo de 11 empresas construtoras privadas pesquisadas (fls. 539): a) no exercício de 2001: média de 9,82% e desvio padrão de 3,17%, resultando num intervalo máximo de 12,99% a mínimo de 6,65%; b) no exercício de 2002: média de 12,15% e desvio padrão de 7,22%, resultando num intervalo máximo de 19,38% a mínimo de 4,93%.

Documento	Extrato
Acórdão nº 1.566/2005 – Plenário	2.3.22 Em vista do elevado valor do desvio padrão identificado na amostra, a FIPE selecionou, dentre as 11 empresas escolhidas, uma subamostra composta por 05 empresas com maior homogeneidade entre seus balanços, chegando ao seguinte resultado: a) no exercício de 2001: média de 8,98% e desvio padrão de 1,92%; b) no exercício de 2002: média de 9,79% e desvio padrão de 1,80%."

Fonte: compilado pelo autor, a partir de dados do sítio do TCU na internet.

Na próxima seção, serão apresentadas boas práticas em termos de obtenção do preço estimado em licitações, seja em termos de busca de fontes, seja em termos de tratamento estatístico dos dados.

4.4. BOAS PRÁTICAS ADMINISTRATIVAS NA OBTENÇÃO DO PREÇO ESTIMADO EM LICITAÇÕES

Na composição de uma planilha orçamentária, além dos valores unitários e totais obtidos das diversas fontes consultadas, três informações são essenciais:

- identificação das fontes de pesquisa (cotações recebidas diretamente por empresas, atas de registro de preços, resultados de licitações, bancos de preços oficiais etc.);
- identificação do método estatístico utilizado no cálculo do preço estimado; e
- período durante o qual foi conduzida a coleta dos preços.

Vejamos com maiores detalhes as nuances de cada um desses elementos.

4.4.1. Fontes de pesquisa

Consoante o Acórdão nº 2.816/2014 – TCU Plenário, devem-se envidar esforços para que o preço estimado seja composto não só por cotações realizadas junto a potenciais fornecedores (mercado), mas também por valores inerentes a contratações do mesmo objeto realizadas por outros órgãos ou entidades públicas, além de mídias e sítios eletrônicos especializados, e portais oficiais de referenciamento de custos. Tal parece, de fato, ser a linha de ação mais coerente: ao se mesclarem cotações obtidas no mercado com os preços efetivamente praticados junto à Administração, evita-se, ao mesmo tempo, a majoração desmedida de propostas do segundo setor, bem como o preço "sem gordura" obtido no final de uma licitação.

A tarefa de coleta de preços no mercado depara-se com duas barreiras proeminentes:

- não raramente as empresas, ao tomarem ciência de que o órgão público está fazendo apenas cotações para a consolidação do preço estimativo do objeto, simplesmente não enviam propostas. Tendo em vista que, nessa fase, não se está almejando a compra em si, mas tão somente a pesquisa de mercado, as empresas alegam que estariam "trabalhando para o órgão público";
- quando o mercado se propõe a participar da cotação, as propostas enviadas para fins de estimativa de preços apresentam significativo sobrepreço. As empresas elevam seus preços, com a expectativa de que o preço estimado seja inflacionado e, consequentemente, haja maior probabilidade de que, ao final da licitação, a contratação seja efetivada por um valor a maior – situação benéfica tão somente ao particular.

Eis a necessidade – e a vantagem – de se mesclarem os preços colhidos no mercado com os inerentes às contratações já efetuadas por órgãos e entidades públicas. Entende-se que esta seja a combinação ideal em termos de fontes de pesquisa, pelos seguintes fatores:

- ao se adotarem como fontes de pesquisa **apenas propostas de empresas privadas**, corre-se o risco de incorrer em sobrepreço, conforme exposto acima;
- ao se adotarem como fontes de pesquisa **apenas preços praticados pela Administração Pública**, corre-se o risco de o preço estimado – usualmente adotado como preço máximo – estar em patamar baixo, incrementando as chances de uma licitação fracassada.

Dessa maneira, ao se combinarem as duas fontes, há a suavização dos preços ofertados pelo segundo setor, ao mesmo tempo em que não se minimiza a chance de êxito do certame.

O MPOG, em 27 de junho de 2014, publicou sua Instrução Normativa nº 5[1], que dispõe sobre os procedimentos administrativos básicos para a realização de pesquisa de preços para a aquisição de bens e contratação de serviços em geral, a ser observada pelos órgãos e entidades integrantes do Sistema de

---

[1] Alterada, posteriormente, pela IN nº 7/2014 do MPOG.

Serviços Gerais (SISG)[2]. No que concerne às **fontes de pesquisa**, destaca-se o cerne da norma, constituído pelo seu art. 2º:

> Art. 2º A pesquisa de preços será realizada mediante a utilização de um dos seguintes parâmetros:
>
> I – **Portal de Compras Governamentais** – www.comprasgovernamentais.gov.br;
>
> II – **pesquisa publicada em mídia especializada, sítios eletrônicos especializados ou de domínio amplo**, desde que contenha a data e hora de acesso;
>
> III – **contratações similares de outros entes públicos, em execução ou concluídos nos 180 (cento e oitenta) dias anteriores à data da pesquisa de preços**; ou
>
> IV – **pesquisa com os fornecedores**.
>
> § 1º No caso do inciso I será admitida a pesquisa de um único preço.
>
> [...]
>
> § 4º No caso do inciso IV, somente serão admitidos os preços cujas datas não se diferenciem em mais de 180 (cento e oitenta) dias.
>
> § 5º Excepcionalmente, mediante justificativa da autoridade competente, será admitida a pesquisa com menos de três preços ou fornecedores.

A despeito dos benefícios advindos dessa norma – em especial frente a seu ineditismo em reger as práticas de estimativa de preços na seara pública – dois de seus pontos são merecedores de análise mais acurada.

Primeiramente, o inc. I do art. 2º, combinado com o § 1º do mesmo dispositivo, prevê a **possibilidade de a pesquisa de preços para determinado item ser formada a partir de um único preço disponível no Portal de Compras Governamentais**, coletado de uma base de dados denominada SISPP – Sistema de Preços Praticados, ou da própria Gestão de Atas de Registro de Preços/atas de pregão. Tais preços referem-se aos valores efetivamente contratados pela Administração, após a conclusão do certame. Salvo melhor juízo, não se trata de montante apropriado a fim de consolidar o preço estimado (usualmente confundido com o preço máximo) em uma licitação, por deterem o potencial de se mostrarem já minimizados pela etapa competitiva.

---

2 **Tal norma não se aplica às obras e serviços de engenharia.** Para tais objetos, o Decreto nº 7.983/2013 estabelece uso de bancos de dados tais como o Sistema Nacional de Pesquisa de Custos e Índices de Construção Civil (Sinapi), mantido pela Caixa Econômica Federal, e o Sistema de Custos Referenciais de Obras (Sicro), de manutenção do Departamento Nacional de Infraestrutura de Transportes (Dnit).

Outrossim, basear o preço estimado em apenas um valor não parece rotina suficientemente confiável. Ante a multiplicidade de mercados e de nuances que revestem determinada licitação (quantitativo do objeto, eventuais flutuações inflacionárias ou deflacionárias etc.), o recomendado seria coletar mais dados, o que tornaria o preço obtido menos frágil. Assim, se, por um lado, o fato de o preço estimado ser obtido a partir de apenas um único preço colhido no *Comprasnet* provê maior celeridade à tarefa, por outro, traz riscos ao êxito da licitação, seja por se apresentar já minimizado – tornando-se menos atrativo aos licitantes, seja por perder a confiabilidade inerente à multiplicidade de fontes.

Outro aspecto que merece atenção diz respeito à possibilidade de a pesquisa de preços valer-se de informações constantes de sítios eletrônicos de domínio amplo. Segundo o Guia de Orientação sobre a Instrução Normativa nº 5/2014[3], trata-se de *"site presente no mercado nacional de comércio eletrônico ou de fabricante de produto, detentor de boa credibilidade no ramo de atuação, desde que seja uma empresa legalmente estabelecida"*. Como exemplo, o citado Guia arrola os sítios <http://www.americanas.com.br> e <http://www.submarino.com.br>[4].

Trazem-se à baila, contudo, os seguintes aspectos:

- tais empresas não comercializam com órgãos públicos;
- eventuais preços a menor praticados em decorrência de economia de escala não são contemplados em consultas feitas a partir de tais sítios na internet; e
- usualmente, empresas destinadas ao comércio eletrônico não guardam a devida regularidade fiscal/trabalhista, mostrando-se ramo de mercado alheio às exigências de procedimentos licitatórios.

Essas características colocam em xeque a efetiva validade de se adotar tais valores como componentes do preço estimado, já que são oriundos de fontes que não se mostram aptas a firmarem contratos com a seara pública.

Os preços obtidos mediante pesquisa junto a fornecedores, de acordo com a citada Instrução Normativa do MPOG, somente serão considerados na hipótese de as propostas não se diferenciarem em mais de 180 (cento e oitenta) dias entre si. Assim, no caso de uma pesquisa ser concluída no mês de setembro, apenas propostas efetuadas a partir de março seriam consideradas.

---

3 Disponível em: <http://www.comprasgovernamentais.gov.br/arquivos/caderno/1-0-instrucao-normativa-no-05-versao-final-1-1a.pdf>. Acesso em: 21 jul. 2015.

4 Em 2006, a Americanas.com S.A. e o Submarino S.A. fundiram-se, passando a constituir a pessoa jurídica B2W Companhia Global de Varejo.

Tal diretriz mostra-se coerente na maioria dos casos. Não obstante, em se tratando de objeto que observou significativa variação de preço em prazo exíguo e recente, tal interstício deverá ser revisto.

Por fim, ainda no que concerne às fontes de pesquisa, a IN nº 5/2014 do MPOG preconiza que apenas excepcionalmente será admitida pesquisa com menos de três preços ou fornecedores. Tal ocorrência dá-se em situações de patente limitação ou desinteresse do mercado. A justificativa mais robusta para tal malogro repousa em evidências de que a Administração envidou o máximo de esforços na coleta de preços. Nesse sentido, recomenda-se fazer constar da planilha estimativa de despesas a informação acerca das empresas que foram consultadas e que não enviaram propostas, como evidência do comportamento do mercado no que tange ao objeto do certame.

Constitui, ainda, boa prática a manutenção de um **banco de dados de fornecedores**, classificado por categoria de material ou de serviço (p. ex.: material elétrico, de informática, serviço de publicidade etc.), de sorte a tornar mais ágil a tarefa de estimativa de despesa. Os dados essenciais a esse banco seriam: razão social do fornecedor, CNPJ, telefone(s), e-mail e funcionário(a) para contato. A fim de manter essa base de dados atualizada e com potencial de ampliação, recomenda-se que seja alimentada a cada nova planilha elaborada pelo órgão ou entidade. Uma solução prática seria dispor de um sistema de tecnologia da informação (TI) que possibilitasse que, por exemplo, ao se lançassem as informações alusivas a empresas que serviram de fontes de pesquisa em determinada planilha, fosse editado o banco de dados de fornecedores.

Em 2012, esta prática passou a ser adotada pela Câmara dos Deputados. Desde então, a base de dados de fornecedores permanece atualizada diariamente pelos orçamentistas e servidores que elaboram planilhas de preços. Ademais, ao se segmentar o banco de dados por categoria de ramo comercial, a tarefa de coleta de preços é sobremaneira catalisada. Desenvolveu-se, em paralelo, um sistema de mala direta, mediante o qual, em uma situação hipotética na qual se deseje elaborar pesquisa de preços de HD externo, seleciona-se a categoria "material de informática" e o próprio sistema encaminha e-mails, automaticamente, a todos os fornecedores cadastrados, solicitando a cotação, já com um texto padronizado (ver Figura 5).

Figura 5. Representação parcial de tela do Sistema de Gestão de Material e Serviço da Câmara dos Deputados, contendo texto padrão para a solicitação de propostas.

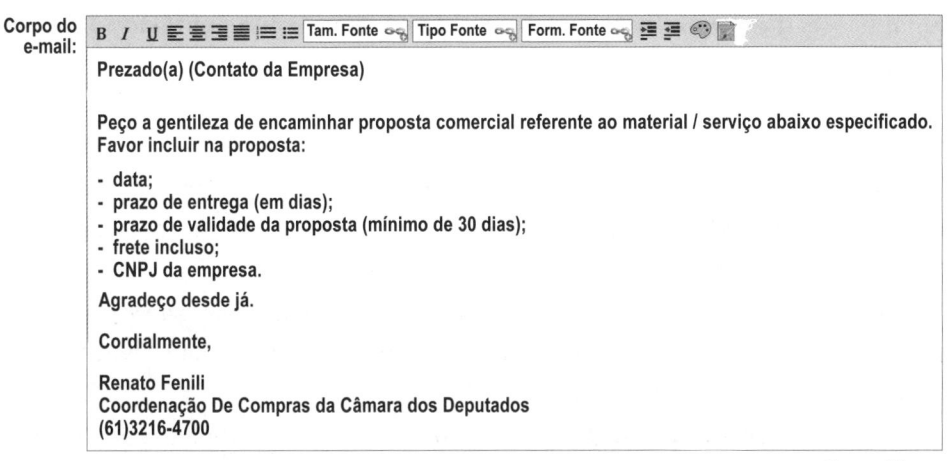

```
Corpo do   B  I  U  ≡ ≡ ≡ ≡  ≔ ≔  Tam. Fonte  Tipo Fonte  Form. Fonte  ≣ ≣
e-mail:
           Prezado(a) (Contato da Empresa)

           Peço a gentileza de encaminhar proposta comercial referente ao material / serviço abaixo especificado.
           Favor incluir na proposta:
           - data;
           - prazo de entrega (em dias);
           - prazo de validade da proposta (mínimo de 30 dias);
           - frete incluso;
           - CNPJ da empresa.
           Agradeço desde já.

           Cordialmente,

           Renato Fenili
           Coordenação De Compras da Câmara dos Deputados
           (61)3216-4700
```

Fonte: Sigmas.

Ao mesmo tempo, o sistema envia uma mensagem ao agente que está realizando a cotação, com uma tabela das empresas destinatárias dos e-mails, bem como respectivos contatos, telefones, e demais dados, no intuito de promover o controle da tarefa de cotação e facilitar cobranças futuras.

4.4.2. Métodos estatísticos empregados no cálculo do preço estimado

Considerável parcela da carência de metodologia evidenciada na jurisprudência sobre o tema pode ser remetida a um problema de tomada de decisões frente a estudos conduzidos sobre os dados de uma amostra. Eis o objeto de estudo da denominada inferência estatística, cujas decisões decorrentes sempre envolvem um grau de incerteza.

A discussão proposta nesta seção toma por base os conhecimentos estatísticos tratados a seguir.

4.4.2.1. Medidas de Posição

O uso das denominadas medidas de posição é justificado quando se deseja apresentar um ou alguns valores que são representativos da série de dados coletados. Quando se usa um só valor, há uma redução drástica dos dados (MORETTIN; BUSSAB, 2004). Usualmente, emprega-se uma das medidas de posição – ou tendência – central: moda, mediana ou média (média aritmética).

Define-se **moda** como o valor mais frequentemente observado para a série de dados (MORETTIN; BUSSAB, 2004). **Mediana**, por sua vez, é a observação que ocupa a posição central dos dados ordenados (MAGALHÃES; LIMA, 2004). Finalmente, **média aritmética** (ou média móvel) é o quociente do somatório dos valores coletados pelo seu número total de observações.

4.4.2.2. Medidas de Dispersão

A síntese de um conjunto de dados por uma única medida representativa da posição central certamente negligenciaria toda e qualquer informação sobre a variabilidade das observações.

Destarte, visando a prover esclarecimento sobre a dispersão da amostra, adota-se, como princípio básico, a análise dos desvios das observações com relação à sua média aritmética.

No presente estudo, abordar-se-á apenas o conceito de desvio padrão, dado seu emprego recorrente no cálculo de preço estimado pelos órgãos públicos. Desta forma, o desvio padrão (dp) de uma população com n elementos xi é dada por:

$$dp(X) = \sqrt{\frac{\sum_{i=1}^{n}\left(x_i - \bar{x}\right)^2}{n}}$$

Sendo $\bar{x}$ a média aritmética.

Todavia, em pesquisa estatística, é possível o estudo por censo ou por amostragem. No primeiro caso, trabalha-se considerando a totalidade da população do conjunto, enquanto na amostragem, apenas um subconjunto do todo é analisado.

A fórmula exposta acima, se empregada para uma amostra, proverá um indicador tendencioso (viciado) para a estimação do desvio-padrão. Assim, faz-se uso do Fator de Correção de Bessel, dado pela relação a seguir:

$$\frac{n}{n-1} = \text{Fator de correção de Bessel.}$$

O desvio padrão, relativo a uma amostra, passa a ser expresso pela seguinte fórmula (MAGALHÃES; LIMA, 2004):

$$dp(X) = \sqrt{\frac{\sum_{i=1}^{n}(x_i - \bar{x})^2}{n-1}}$$

Sendo:

x_i = dado singular da amostra

$\bar{\bar{x}}$ = média dos dados da amostra

n = número de dados da amostra

4.4.2.3. Distribuição Estatística

Define-se **distribuição estatística** como um arranjo de valores de certa variável, evidenciando-se sua frequência teórica ou observada (MAGALHÃES; LIMA, 2004).

De antemão, registra-se que a variável de interesse, no presente estudo, é o preço, entendido como uma variável quantitativa contínua.

Entre os vários modelos de distribuição estatística existentes, destaca-se a distribuição normal ou gaussiana, seja pela ampla aplicabilidade em fenômenos físicos ou financeiros, seja pela maior simplicidade no tratamento dos dados. A distribuição normal pode ser utilizada para caracterizar qualquer incógnita cujo valor máximo esteja acentuadamente próximo ao valor médio.

Em uma distribuição normal, média aritmética, moda e mediana, coincidem. Relevante para o foco de estudo é a consideração de que esse é um caso singular em que não se fazem necessárias ponderações acerca da escolha da medida de tendência central. Nos outros tipos de distribuição, no entanto, há de se considerar a escolha entre a média aritmética e a mediana, visto que muito raramente obter-se-ão valores idênticos para a variável quantitativa contínua em análise.

Morettin e Bussab (2004) trazem colocações elucidativas sobre a escolha acima:

> A média aritmética é, talvez, a medida mais usada. Contudo, ela pode conduzir a erros de interpretação. Em muitas situações, a mediana é uma medida mais adequada.

> [...]
> Dizemos que uma medida de localização ou dispersão é resistente quando for pouco afetada por mudanças de uma pequena porção dos dados. **A mediana é uma medida resistente, ao passo que a média não é.** (destaque deste autor)

Do mesmo modo, Magalhães e Lima (2004, p. 95), assim assentam o discernimento entre as medidas de tendência central:

> As medidas de posição podem ser utilizadas em conjunto para auxiliar a análise dos dados ou, em determinadas situações, uma pode ser mais conveniente que a outra. Por exemplo, se um ou mais valores são muito discrepantes do que o geral das observações, a média será muito influenciada por este valor, tornando-a, assim, inadequada para representar aquele grupo de dados. (...) Neste caso, como a mediana não é afetada por valores discrepantes, seu uso seria mais adequado para representar os dados. Por outro lado, para conjuntos de dados com muitas observações, a mediana é difícil de ser calculada, mesmo com o uso de computadores. (...) Como regra geral, precisamos usar essas medidas com o cuidado de não distorcer informações e características dos dados que estamos analisando.

4.4.2.4. Possibilidades em termos de tratamento estatístico dos preços coletados

Em termos de métodos estatísticos para fins de obtenção do preço estimado, eis o que dispõe a Instrução Normativa nº 5/2014 do MPOG:

> Art. 2º [...]
>
> § 2º No âmbito de cada parâmetro, o resultado da pesquisa de preços será a **média ou o menor dos preços obtidos**.
>
> § 3º A utilização de outro método para a obtenção do resultado da pesquisa de preços, que não o disposto no § 2º, deverá ser devidamente justificada pela autoridade competente
>
> [...]
>
> § 6º Para a obtenção do resultado da pesquisa de preços **não poderão ser considerados os preços inexequíveis ou os excessivamente elevados**, conforme critérios fundamentados e descritos no processo administrativo (destaques deste autor)

Destarte, o padrão a ser adotado, segundo a instrução normativa em análise, é a média aritmética ou o menor preço da amostra coletada. Qualquer outro método adotado é considerado tratamento de exceção, e deverá ser justificado no processo administrativo. Da mesma forma, nem todos os preços coletados deverão compor o resultado final: os inexequíveis ou os excessivamente elevados deverão ser excluídos do cômputo final.

Logicamente, tais diretrizes trazem algumas dúvidas, assim sumarizadas:

• **Quando se deve utilizar a média e quando se deve optar pelo menor preço?**

O risco em se adotar como preço estimado o **menor preço** coletado reside em obter um valor de baixo montante, incapaz de atrair o mercado e incrementando as chances de uma licitação deserta ou fracassada (esta última devido aos licitantes ofertarem valores acima do estimado). Não obstante, tal linha de ação mostra-se particularmente vantajosa quando o proponente de menor preço apresenta alguns dos seguintes elementos: (i) detém regularidade fiscal e trabalhista; (ii) costuma participar de licitações públicas; (iii) em especial, é o atual contratado do órgão ou da entidade pública.

A média aritmética, por sua vez, é passível de emprego quando os preços coletados não apresentarem discrepâncias significativas entre si. Caso as diferenças entre os valores sejam contundentes, haja vista o diminuto número de preços que compõem a amostra (usualmente algo em torno de 3 a 5 valores), há de se considerar que o preço estimado resultante será significativamente "contaminado" com os montantes discrepantes coletados. A fim de minimizar tal tendência, há de se excluir, do cálculo, os valores inexequíveis ou excessivamente elevados, em consonância com o preconizado pelo § 6º do art. 2º da IN nº 5/2014 do MPOG. Mas isso nos conduz à próxima questão:

• **Quando um preço coletado deve ser considerado inexequível ou excessivamente elevado?**

Em uma distribuição, é denominado *outlier* um valor espúrio, que não corresponde, de fato, ao comportamento da população em si. No caso da pesquisa de preços, os *outliers* podem ser de dois tipos: valores inexequíveis – por serem módicos demais – ou excessivamente elevados. Identificá-los, contudo, não é tarefa das mais diretas.

Imaginemos, por exemplo, a distribuição de preços coletados constante da Tabela 1, referentes ao fornecimento de saco de cimento.

Tabela 1. Distribuição de preços coletados

Empresa A	Empresa B	Empresa C	Empresa D	Empresa E
R$ 20,00/sc	R$ 26,00/sc	R$ 35,00/sc	R$ 21,00/sc	R$ 16,00/sc

Fonte: elaborada pelo autor.

Atendo-se unicamente aos valores – eximindo-se, pois, de uma análise qualitativa da amostra, um método matemático passível de ser empregado para a identificação de *outliers* faz uso dos conceitos de média aritmética e de desvio padrão.

Uma vez obtidos os dados, calcula-se a média aritmética dos valores, bem como o desvio-padrão amostral[5]. A partir destas grandezas, obtém-se o intervalo de consideração dos dados, conforme representado abaixo:

$$\text{Intervalo} = \left[\bar{x} - dp(x), \bar{x} + dp(x)\right]$$

Sendo:

$\bar{x}$ = média dos dados da amostra

$dp(x)$ = desvio padrão amostral

No caso proposto, teríamos:

$$\bar{x} = \frac{20,00 + 26,00 + 35,00 + 21,00 + 16,00}{5} = R\$\ 23,60/sc$$

$$dp(X) = \sqrt{\frac{\sum_{i=1}^{n}(x_i - \bar{x})^2}{n-1}}$$

$$dp(x) = \sqrt{\frac{(20-23,6)^2 + (26-23,6)^2 + (35-23,6)^2 + (21-23,6)^2 + (16-23,6)^2}{5-4}}$$

$$dp(x) = 7,30$$

---

[5] Há pouca robustez estatística em calcular o desvio padrão em uma amostra tão diminuta. Não obstante, o método descrito possui virtudes *per se*, tomando por objetivo a obtenção do preço estimado mais razoável.

Uma vez calculadas a média e o desvio padrão, procede-se a uma nova manipulação dos dados, considerando-se, para fins de consolidação do preço estimado, a média aritmética dos valores compreendidos no intervalo em comento. Na situação ilustrada, teríamos:

$$\text{Intervalo} = \left[\bar{x} - dp(x),\ \bar{x} + dp(x) \right]$$

$$\text{Intervalo} = \left[23{,}60 - 7{,}30;\ 23{,}60 + 7{,}30 \right] = \left[16{,}30;\ 30{,}90 \right]$$

Assim sendo, apenas os preços que estão compreendidos entre os valores R$ 16,30 e R$ 30,90 serão considerados para fins de cálculo. Da amostra coletada, destarte, os preços ofertados pela Empresa C (R$ 35,00) e E (R$ 16,00) serão excluídos. O preço estimado é finalmente obtido:

$$\text{Preço estimado} = \frac{20{,}00 + 26{,}00 + 21{,}00}{5} = R\$\ 22{,}33/sc$$

Nessa linha metodológica, os preços propostos pelas empresas C (excessivo) e E (inexequível) seriam *outliers*. Não obstante, hipoteticamente, e após uma análise mais acurada da Empresa E, vem à baila a informação de que é uma das principais fornecedoras de cimento para órgãos públicos na região, sendo signatária de atas de registro de preços que contemplam, de fato, o valor de R$ 16,00/sc. Nesse caso, seria pertinente considerar tal preço inexequível? É certo que não.

Em que pese o método descrito anteriormente – usualmente denominado "método do desvio padrão" – apresentar virtudes intrínsecas, uma visão mais apropriada **não poderá prescindir de uma análise qualitativa** das fontes de pesquisa e dos valores orçados. Suprimir valores da série de dados coletados com fulcro em critérios puramente quantitativos implica o risco de se desconsiderarem informações que poderiam culminar em um preço estimado mais vantajoso à Administração.

Ainda nos debruçando em métodos estatísticos, é pertinente a menção acerca das possibilidades de emprego, na estimativa de preços, do conceito de **intervalo de confiança**. Imagine que haja a necessidade de se estimar o preço, para determinada licitação, de *notebooks* de determinada especificação. Caso fosse possível coletar preços de todas as empresas que vendessem este tipo de computador, em todo o País (toda a população, em termos estatísticos), poder-se-ia obter um valor estimado bastante acurado. No entanto, tal linha de ação é impraticável, por razões óbvias.

Como opção, resta a análise de amostras de preços imersos em uma população muitas vezes ampla. Assim, a questão central que insurge é: *quão representativa da população é a amostra que coletei*? Eis que o conceito de intervalo de confiança vem ao encontro da resposta. Com base em uma amostra coletada, é possível, por exemplo, determinar, com determinado nível de precisão, um intervalo de valores dentro do qual o parâmetro "preço real de mercado" estará, de fato, inserido.

Ainda se valendo da situação ilustrativa representada na Tabela 1, podemos calcular os intervalos de confiança para distintos níveis de precisão, conforme consta da Tabela 2.

Tabela 2. Intervalos de Confiança calculados a partir da amostra retratada na Tabela 1.

Nível de confiança	Intervalo
80%	R$ 18,59 – R$ 28,61
90%	R$ 16,64 – R$ 30,56
95%	R$ 14,54 – R$ 32,66
98%	R$ 11,37 – R$ 35,83

Fonte: elaborado pelo autor

A interpretação dos dados arrolados na Tabela 2 pode-se dar da seguinte forma: podemos afirmar, com 80% de segurança, que o parâmetro real do valor de mercado, considerando-se toda a população, está compreendido entre R$ 18,59 e R$ 28,61. Seguem algumas considerações sobre o uso do intervalo de confiança:

- quanto maior o nível de confiança, maior o intervalo. Afinal, para ter 100% de certeza de que o parâmetro está de fato inscrito no intervalo, por exemplo, teríamos que ampliá-lo de maneira significativa, incrementando a probabilidade de acerto;
- quanto menos homogênea for a amostra, maior será o intervalo. Isso se dá pelo fato de a amostra apresentar valores discrepantes entre si, aumentando a incerteza em termos de predições do parâmetro.

Malgrado as limitações atinentes ao emprego do intervalo de confiança (a amostra diminuta é a principal das limitações), entende-se que é capaz de prover informação gerencial ao agente encarregado pela determinação do preço estimado, por ser o método estatístico conceitualmente mais adequado à tarefa. Ademais, no caso em tela, o gestor poderia optar por adotar como preço estimado o valor de R$ 19,00, por exemplo, justificando tal opção por ser um valor inserido no intervalo de confiança de 80%. Tal justificativa – robusta em termos quantitativos metodológicos – vai ao encontro de prover maior liberdade no processo de estimativa de preços, situação benéfica à Administração nos casos em que o gestor é um profissional experiente em sua atuação.

4.4.3. O prazo de validade de uma pesquisa de preços

Sendo a pesquisa de preços tarefa que demanda, por vezes, lapso temporal considerável na fase interna de uma licitação, usualmente analisada como um gargalo do processo, é essencial que o órgão ou a entidade pondere sobre o prazo de validade de determinada pesquisa realizada.

A pesquisa de preços não é a tarefa derradeira na fase interna do procedimento licitatório. Após a pesquisa, procede-se à reserva de recursos orçamentários, à elaboração das minutas do instrumento convocatório e de termos de contrato/atas de registro de preços, à análise jurídica desses instrumentos (bem como do restante da instrução que compõe a fase interna) e à decisão de autorização do certame, para fins de publicação do edital ou da carta-convite. Em casos de objetos complexos e/ou vultosos, as tarefas subsequentes à pesquisa de preços podem consumir meses – inclusive a própria decisão política de se autorizar uma licitação de grandes proporções.

Resguardando-se melhor juízo, não há jurisprudência consolidada no que diz respeito à vigência de determinada pesquisa de preços. Em ótica objetiva, poder-se-ia estabelecer que a validade de uma planilha orçamentária estaria restrita ao menor prazo de validade das propostas que a compõem. Contudo, esse entendimento não se revela prática eficiente em termos de custos processuais. Usualmente, as propostas obtidas no mercado têm validade não superior a 30 dias, interstício geralmente insuficiente para que a licitação alcance sua fase externa, após a confecção da planilha orçamentária.

Uma linha de ação que se mostra recorrente em termos de práxis na seara pública é adotar o prazo-base de validade de três meses para a pesquisa de preços, contado a partir do "fechamento" da planilha. Não obstante, tal interstício por vezes ainda se mostra escasso, em especial nos órgãos e entidades com grande volume de processos de aquisição ou contratação, ou em pleitos que demandem a elaboração de instrumentos convocatórios intricados ou, ainda, em processos cuja análise jurídica aponte lacunas em termos de instrução que demandem esforços significativos para saneamento. Nesses casos, é provável que a pesquisa deva ser atualizada, desvelando rotina pouco eficiente. Alternativamente, poder-se-ia adotar, motivadamente, o intervalo de **seis meses** para a validade.

A Câmara dos Deputados, desde 2012, adota tal interstício para a validade de suas planilhas orçamentárias. As lições aprendidas, desde então, convergem para o melhor custo-benefício processual, para a racionalização do emprego de recursos de pessoal, para a celeridade do rito licitatório e para a perpetuação do preço cotado como adequado, em que pese a dilação do prazo de validade. Logicamente, em situações específicas, tais como as de objetos que sofrem variações significativas de valor em pouco tempo (atrelados a variações abruptas de moedas estrangeiras, por exemplo), o interstício merece ser diminuído, de forma a que o preço estimado espelhe adequadamente o praticado para o setor público.

4.4.4. Ferramentas disponíveis no mercado para a estimativa de preços

Ciente do gargalo processual impingido pela tarefa de estimativa de despesa em ritos licitatórios, determinadas empresas passaram a desenvolver, nos últimos anos, ferramentas de TI, disponíveis ao usuário via *web*, a fim de facilitar a captação de preços. De forma geral, oferecem as seguintes funcionalidades ao usuário:

- pesquisa de preços praticados pela esfera pública (de forma mais prática e direta do que a pesquisa via o Sistema de Preços Praticados – Sispp – disponível via *Comprasnet*). Ademais, os preços cadastrados usualmente não se limitam aos praticados no âmbito do Siasg;
- compilação do valor estimado mediante tratamentos estatísticos a serem definidos pelo usuário;
- apresentação de resultados mediante tabelas e gráficos.

Longe do intuito de esgotar a abordagem às ferramentas de banco de preços mantidos por prestador de serviços especializados para a estimativa de preços, a seguir discorre-se resumidamente sobre três iniciativas de destaque nesse nicho.

Primeiramente, tem-se o **Banco de Preços**, mantido pelo **Grupo Negócios Públicos**, e disponível no endereço **<http://www.bancodeprecos.com.br>**. Trata-se de uma das iniciativas pioneiras em termos de otimização de estimativa de despesas, e que hoje conta com uma base de dados de mais de 15 milhões de preços registrados. Da mesma sorte, a **Zênite**, empresa de renome no que diz respeito à consultoria jurídica e capacitações em licitações e contratos administrativos, recentemente lançou o seu produto **Cotação Zênite**, de acesso disponível no endereço **<http://www.cotacaozenite.com.br>**. Ainda na mesma seara, o **Banco do Brasil** lançou o também denominado **Banco de Preços**, distinguindo-se das ferramentas anteriores por permitir uma interface direta com o mercado fornecedor.

O Quadro 12 oferece um sucinto cotejamento entre tais produtos.

Quadro 12. Cotejamento entre soluções para a estimativa de preços.

	Banco de Preços	**Cotação Zênite**	**Banco de Preços**
Pessoa Jurídica	Grupo Negócios Públicos	Zênite	Banco do Brasil
Dimensão da base de dados	Mais de 15 milhões de preços registrados	Cerca de 1,5 milhão de preços	
Fontes	• *Comprasnet* • *Licitações-e*	• *Comprasnet*	• *Comprasnet* • *Licitações-e* • *Fornecedores*
Funcionalidades	• Pesquisas de preços, mediante a inserção de diversos metadados; • Opções em termos de tratamento estatístico dos preços coletados; • Acesso facilitado a instrumentos convocatórios e a atas de registro de preços; • Criação de relatórios e de planilhas;	• Pesquisas de preços, mediante a inserção de diversos metadados; • Opções em termos de tratamento estatístico dos preços coletados; • Acesso facilitado a instrumentos convocatórios e a atas de registro de preços; • Criação de relatórios e de planilhas.	• Pesquisas de preços, mediante a inserção de diversos metadados; • Opções em termos de tratamento estatístico dos preços coletados; • Possibilidade de cotações junto a fornecedores cadastrados na plataforma Licitações-e, mantida pelo Banco do Brasil;

	Banco de Preços	Cotação Zênite	Banco de Preços
Funcionalidades	• Criação de bases de dados específicas de fornecedores, por material ou serviço; • Varredura de mercado por material, verificando-se a presença de fornecedores em *status* micro ou pequenas empresas, para fins de atendimento à Lei Complementar nº 123/2006		• Acesso facilitado a instrumentos convocatórios e a atas de registro de preços; • Criação de relatórios e de planilhas; • Registro de oferta ativa de bens e serviços, por parte de empresas aderentes ao Banco de Preços.
Valor anual da assinatura (por senha de acesso)	Aproximadamente R$ 7.500,00	Aproximadamente R$ 5.000,00	Aproximadamente R$ 7.500,00

Fonte: elaborado pelo autor, a partir da pesquisa nas ferramentas e de contatos com representantes das pessoas jurídicas relacionadas.

Em que pese a patente capacidade de analogia entre tais ferramentas, é mister salientar que, entre as pessoas jurídicas que ofertam esses produtos, há aquelas que sustentam argumentos que visam a estear suas contratações mediante inexigibilidade de licitação, por vezes detendo cartas de exclusividade afetas a metodologias e arquiteturas do produto e registrando telas e procedimentos sobre ISBNs (*International Standard Book Numbers*) específicos. Já outras reconhecem ser necessária a contratação via licitação, por se tratar de objeto com funcionalidades padronizadas.

Ao largo dessas ferramentas pagas, há de se mencionar a divulgação, via internet, dos chamados **Bancos de Preços Referenciais**, produtos obtidos, não raramente, mediante a contratos entre órgãos/entidades públicas e determinado ente privado. Neste contexto, destacam-se as iniciativas de Estados tais como Sergipe e Espírito Santo, que firmaram parcerias com a Fundação Getulio Vargas (FGV), e que divulgam relações de preços a balizarem licitações públicas, geralmente contemplando materiais de significativo giro de estoque – materiais de expediente, de limpeza e gêneros alimentícios. Tais valores são atualizados periodicamente, em bases usualmente mensais.

Capítulo 5

O planejamento e o Controle do Fracionamento de Despesas nas Aquisições e Contratações públicas

5.1. INTRODUÇÃO

O risco de se incorrer em fracionamento de despesa detém relação inversamente proporcional ao planejamento das aquisições e das contratações em determinado órgão público. Na hipótese de restar comprometido o planejamento, a escolha adequada da modalidade licitatória guarda significativa probabilidade de ser equivocada, indo de encontro não só a princípios como isonomia e eficiência, mas também à própria busca da proposta mais vantajosa pela Administração.

Em que pese a objetividade da Lei de Licitações e Contratos ao vedar o fracionamento de despesa, a obediência estrita deste comando assume contornos complexos, em especial pela carência de definição precisa do critério a ser considerado para que bens e serviços sejam tidos como de mesma natureza. Tal fato, contudo, não exime que o gestor público tenha postura proativa no sentido de delinear – motivadamente – esse critério, implantando, em seguida, rotinas de planejamento e de controle.

Neste capítulo será apresentado o conceito de fracionamento de despesa, a jurisprudência correlata, bem como propostas de como evitá-lo – seja mediante práticas que robusteçam o planejamento das compras públicas, seja mediante informações gerenciais providas anteriormente ao processamento das aquisições/contratações.

5.2. O CONCEITO DE FRACIONAMENTO DE DESPESA

Incorre-se em fracionamento de despesa, em determinada compra pública, quando "se divide a despesa para utilizar modalidade de licitação inferior à recomendada pela legislação para o total da despesa, ou para efetuar contratação direta" (BRASIL, 2010, p. 104).

A vedação ao fracionamento de despesa relacionado à adoção de modalidade de licitação menos formal à recomendada está insculpida nos §§ 2º e 5º do art. 23 da Lei nº 8.666/93, *in verbis*:

> Art. 23. [...]
>
> § 2º Na execução de **obras e serviços e nas compras de bens**, parceladas nos termos do parágrafo anterior, a cada etapa ou conjunto de etapas da obra, serviço ou compra, há de corresponder licitação distinta, **preservada a modalidade pertinente para a execução do objeto em licitação.**
>
> [...]
>
> § 5º É vedada a utilização da modalidade "convite" ou "tomada de preços", conforme o caso, para parcelas de uma mesma obra ou serviço, ou ainda para obras e serviços da mesma natureza e no mesmo local que possam ser realizadas conjunta e concomitantemente, sempre que o somatório de seus valores caracterizar o caso de "tomada de preços" ou "concorrência", respectivamente, nos termos deste artigo, exceto para as parcelas de natureza específica que possam ser executadas por pessoas ou empresas de especialidade diversa daquela do executor da obra ou serviço. (destaques deste autor)

Por sua vez, os incs. I e II do art. 24 trazem a vedação ao fracionamento da despesa, agora no que concerne à fuga à regra de licitar:

> Art. 24. É dispensável a licitação:
>
> I – para obras e serviços de engenharia de valor até 10% (dez por cento) do limite previsto na alínea "a", do inciso I do artigo anterior, **desde que não se refiram a parcelas de uma mesma obra ou serviço ou ainda para obras e serviços da mesma natureza e no mesmo local que possam ser realizadas conjunta e concomitantemente;**
>
> II – para outros serviços e compras de valor até 10% (dez por cento) do limite previsto na alínea "a", do inciso II do artigo anterior e para alienações, nos casos previstos nesta Lei, **desde que não se refiram a parcelas de um mesmo serviço, compra ou alienação de maior vulto que possa ser realizada de uma só vez;** (destaques deste autor)

A Lei nº 8.666/93 prevê sanção penal a quem se eximir da regra de licitar sem que haja estrita previsão legal, conduta que abarca o fracionamento de despesa a fim de se processarem seguidas dispensas de licitação para objetos de mesma natureza, ultrapassando, no conjunto, o limite pecuniário assentado nos incs. I e II de seu art. 24. É o que preconiza o art. 89 da norma:

> Art. 89. Dispensar ou inexigir licitação fora das hipóteses previstas em lei, ou deixar de observar as formalidades pertinentes à dispensa ou à inexigibilidade:
>
> Pena – detenção, de 3 (três) a 5 (cinco) anos, e multa.

Em síntese, o fracionamento ilegal de despesa ocorre quando a Administração não adota a modalidade licitatória adequada à soma dos valores para **objetos de mesma natureza**, computados no interregno de um exercício financeiro. A intenção do preceito legal é a de cercear a inobservância indevida ao procedimento licitatório, bem como a adoção de modalidade de licitação que detenha publicidade mais restrita do que a pertinente para o todo a ser adquirido ou contratado, em face do princípio da anualidade do orçamento.

O *Manual de Licitações e Contratos* do TCU (BRASIL, 2010, p. 105) oferece o seguinte exemplo didático acerca do conceito de fracionamento de despesa:

> Vale dizer, ilustrativamente: se a Administração tem conhecimento de que, no exercício, precisará substituir 1.000 cadeiras de um auditório, cujo preço total demandaria a realização de tomada de preços, não é lícita a realização de vários convites para compra das cadeiras, fracionando a despesa total prevista em várias despesas menores que conduzem à modalidade de licitação inferior à exigida pela lei.

Em adição, há jurisprudência consolidada do TCU – veja, nesse sentido, o Acórdão nº 1.276/2008 Plenário – consolidando o entendimento que a compra de objetos de mesma natureza mediante suprimento de fundos, ao longo de determinado exercício financeiro, em montantes cuja soma demande a observância de procedimento licitatório, constitui, da mesma forma, fracionamento de despesa.

Há **dois obstáculos principais** ao gestor público a fim de se evitar o fracionamento de despesa. Primeiramente, insurge a dificuldade de se **definir o que seriam bens ou serviços de mesma natureza**, haja vista ser este o critério para o cômputo do fracionamento de despesa. O outro óbice refere-se à tarefa de se **planejarem as aquisições/contratações** frente a contextos dinâmicos e multifacetados, que por vezes trazem consigo variáveis turbulentas, tais como limitações orçamentárias, vontades políticas ou carência de estrutura funcional e de recursos de pessoal da área de compras.

Linhas de ação capazes de minimizar tais obstáculos serão discutidas nas próximas páginas, alicerçadas pela jurisprudência firmada pela Corte de Contas.

5.3. EM BUSCA DA DEFINIÇÃO DE BENS E SERVIÇOS DE MESMA NATUREZA

De fato, identifica-se reiterada jurisprudência do Tribunal de Contas da União no que tange à orientação em prol de se evitar o fracionamento de despesa. Nesse escopo, a título de ilustração, eis o que dispõe o Acórdão nº 367/10 – Segunda Câmara:

> Realize planejamento de compras a fim de que possam ser feitas aquisições de produtos **de mesma natureza** de uma só vez, pela modalidade de licitação compatível com a estimativa da totalidade do valor a ser adquirido, abstendo-se de utilizar, nesses casos, o art. 24, inciso II, da Lei nº 8.666/1993 para justificar a dispensa de licitação, por se caracterizar fracionamento de despesa. (destaque deste autor)

A insegurança passa a repousar no próprio conceito de bens e serviços de **mesma natureza**. Tomemos os seguintes exemplos: se considerarmos duas canetas esferográficas azuis, de mesmas características, elas serão objetos de mesma natureza? Seguramente sim, pela obviedade de serem objetos idênticos. Agora, tomemos uma caneta esferográfica azul e outra preta. Nesse caso, perpetua-se a segurança em afirmar que são objetos de mesma natureza, dado que a mera distinção em termos de um atributo (cor da tinta, no caso) não é motivo suficiente para que tal condição seja alterada. Indo adiante, passemos a cotejar uma caneta esferográfica azul e uma lapiseira. A despeito da patente diferença entre os objetos, poder-se-ia argumentar que continuam sendo da mesma natureza: são objetos comuns, que se prestam à escrita, sendo encontrados sem maiores problemas em quaisquer papelarias.

Talvez guardando maior complexidade de análise, poderíamos cotejar a caneta esferográfica azul com uma resma de papel A4. São objetos que possuem finalidades de uso distintos, mas que podem ser categorizados como materiais de expediente, sendo comercializados pelo mesmo ramo de mercado. Nesses lindes, definir com precisão se tais itens possuem a mesma natureza, sendo assim considerados para fins de controle de fracionamento de despesa, pode não ser tarefa tão óbvia.

Valendo-se de análise jurisprudencial, constata-se a indefinição acerca daquilo que deve ser entendido como "materiais ou serviços de mesma natureza". Há apenas orientações gerais do que **não** se deve entender como "objetos de mesma natureza". Um primeiro norte é assim provido pelo Acórdão nº 1.620/2010 – Plenário TCU:

> Como bem observou a Secex/RO, **a classificação orçamentária das rubricas não determina a adoção dessa ou daquela modalidade de licitação**, tratando-se de inequívoco fracionamento de despesa que impede a competição entre as empresas e consequentemente a possibilidade de escolha da proposta mais vantajosa para a Administração, objetivo dos certames licitatórios.
>
> [...] **A classificação da despesa pública** segue critérios definidos com o objetivo de atender às necessidades gerenciais de informação acerca da execução do processo orçamentário. **Não serve como justificativa para o fracionamento de despesas e nem como pretexto de fuga à obrigatoriedade de licitar**, como no caso concreto, em que não se quis admitir a realização de licitação única devido a uma suposta incompatibilidade entre os itens de despesa.
>
> [...] Além disso, **a classificação orçamentária não produz qualquer efeito jurídico para fins de aplicação da modalidade cabível de licitação ou sua dispensa** (...). (destaques deste autor)

Em julgado mais recente, a Corte de Contas reforça sua posição, consignando-se, por meio do Acórdão nº 7.012/2012, que não se deve considerar subelementos de despesa para fins de definição da necessidade, ou não, de se efetuar procedimento licitatório. Insta esclarecer que subelemento de despesa refere-se a um nível de agregação orçamentário intermediário, alusivo, por exemplo, a "material de expediente", "material de copa e cozinha", "material para manutenção de bens imóveis" etc.

Tomemos, por exemplo, o subelemento "material para manutenção de bens imóveis". Classificado como tal, temos os seguintes itens, para fins de ilustração: cimento, argamassa, laminados, materiais hidráulicos, pisos, isolamentos térmicos, tijolos, granitos, tintas etc. De fato, inseri-los em um mesmo critério com vistas ao controle do fracionamento de despesa iria engessar a atividade da Administração: emergiria um cenário no qual determinado órgão ou entidade, ainda no início do exercício, alcançaria o limite para a compra direta dos materiais inseridos nesse subelemento. Desse momento em diante, os pleitos, mesmo que de valores diminutos, teriam de observar o rito licitatório, revelando, quiçá, prática pouco eficiente.

Nesse diapasão, a Doutrina coaduna-se com a jurisprudência do Tribunal de Contas da União, conforme se depreende do seguinte excerto[1]:

> **Não há no texto legal a mínima indicação da relevância da classificação orçamentária do objeto para fins de conjugação de valores e determinação da modalidade cabível de licitação.** (...) Os critérios utilizados para fins orçamentários podem ser diversos e, mesmo, abranger diferentes objetos. Aplicar a regra poderia produzir resultados despropositados (...) (JUSTEN FILHO, 2010, p. 266). (destaque deste autor)

Se a adoção de um critério tão amplo como o subelemento de despesa não traz resultados satisfatórios à Administração, a linha oposta, da mesma forma, não se evidencia apropriada. Julga-se, assim, improcedente que a própria identidade do objeto seja entendida como coincidente com sua natureza. Tal linha de ação conduziria à possibilidade de realização de diversas licitações menos formais para itens que, de fato, são de mesma natureza. Destarte, critério para a definição da natureza do objeto deve, segundo o entendimento da Corte de Contas, atrelar-se a grupo ou a classes de materiais/serviços que guardem similaridade em termos de inscrição em determinado gênero, e não ao próprio item ou serviço a ser contratado. É o assentado no Acórdão nº 2.157/2011 – Plenário – TCU, cujo excerto é a seguir transcrito:

> [...] desvirtuamento do referido dispositivo legal para fracionamento indevido com dispensa de licitação para a realização de despesas de mesma natureza;
>
> [VOTO]
>
> 9.3. dar ciência ao Comando da Marinha para a necessidade de adequar a Norma sobre Licitações, Acordos e Atos, emitida pela Secretaria-Geral da Marinha em 2008, às disposições da Lei nº 8.666/93, com destaque para o art. 24, inciso II, *in fine*, de molde a evitar o desvirtuamento do referido dispositivo legal para fracionamento indevido com dispensa de licitação para a realização de despesas de mesma natureza;[VOTO] Em relação à mesma matéria [contratações diretas], colhe-se da instrução o fato de o Comando da Marinha haver expedido orientação

---

1 Tal posicionamento é espelhado por Jessé Torres, Marines Dotti e Flávia Vianna, dentre outros.

normativa interna (Peça 36) sobre a aplicação do inciso II, do art. 24, da Lei nº 8.666/93. **Segundo o ato normativo, formulado em consulta, o limite de dispensa de licitação para a realização de compras não deve estar atrelado a grupos ou a classe de despesas em gênero, mas ao próprio item ou serviço a ser contratado. Nessas condições, o órgão contratante poderia promover, por exemplo, diversas aquisições diretas para objetos de mesma natureza, uma para resmas de papel de ofício, outra para canetas, ao invés de categorizar todas essas compras em grupo mais abrangente, tais como materiais de expediente, para, assim, realizar o devido procedimento licitatório.** Assim, deve ser dada ciência ao Comando da Marinha, para adequar a norma interna de licitações e contratos às disposições do art. 24, inciso II, da Lei nº 8.666/93, para evitar o desvirtuamento do dispositivo legal acerca do fracionamento indevido de despesas da mesma natureza com dispensa de certame licitatório. (destaques deste autor)

Outro critério rechaçado pela Doutrina predominante – se considerado isoladamente – alude aos itens comercializados por determinado fornecedor. Em que pese ser esta uma informação valiosa para fins de determinação de objetos de mesma natureza, há de se considerar que há fornecedores que comercializam objetos das mais distintas variedades – um exemplo bastante recorrente seriam as representações comerciais. Nesse sentido, segue a análise de Justen Filho (2010, p. 266 – 267):

> Alguns sustentam que haveria dever de promover o somatório quando os diversos objetos pudessem ser executados por um único e mesmo fornecedor. A regra não se encontra no § 5º é extraída por uma interpretação extensiva. (...) Essa interpretação não pode ser aceita, importando insuperável defeito lógico (...) **A possibilidade de ser executado pelo mesmo sujeito apenas apresenta relevância quando estiverem presentes os demais pressupostos legais: objetos semelhantes, executados no mesmo local, de modo concomitante ou conjunto.** (destaque deste autor)

Em 2013, a Câmara dos Deputados constituiu grupo de trabalho destinado a estabelecer critérios para a identificação de bens, serviços e obras de mesma natureza, bem como a delinear a subsequente operacionalização do controle de fracionamento de despesas naquele órgão. O relatório final confeccionado pelo grupo traz o seguinte quadro conceitual (Quadro 13) referente à natureza do objeto, apresentando uma definição constitutiva desse construto:

Quadro 13. Critérios e definição constitutiva de natureza do objeto

NATUREZA DO OBJETO	
Não utilizar como critério	Definição constitutiva
• Classificação orçamentária (subelemento de despesa); • Materiais/serviços comercializados por um mesmo fornecedor (se considerado como critério isolado); • Próprio item ou serviço a ser contratado.	*Materiais/serviços de mesma natureza são aqueles passíveis de serem agrupados ante sua similaridade de gênero, associada ao escopo de comercialização de um mesmo fornecedor especializado*[2].

Fonte: Relatório final do grupo de trabalho da Câmara dos Deputados (Processo nº 139.109/2010).

O "gênero" ao qual a definição constitutiva faz alusão concerne a um nível intermediário de agregação entre o subelemento de despesa e o próprio item. Assim, não se trata de "material de expediente" (por ser muito amplo), e nem de "caneta esferográfica azul" (por deter uma especificidade que tornaria inócuo o comando legal relativo à vedação do fracionamento de despesa). Trata-se de uma categoria mais próxima de "itens de escrita", abarcando lápis, canetas, canetas marca-texto, lapiseiras etc., desde que sejam comercializados por fornecedor especializado no ramo.

5.4. A VERIFICAÇÃO E O PLANEJAMENTO DAS AQUISIÇÕES/CONTRATAÇÕES COMO FORMA DE SE EVITAR O FRACIONAMENTO DE DESPESA

De certa forma, poder-se-ia adotar duas frentes, não excludentes, em prol da mitigação do fracionamento de despesas: a **verificação** e o **planejamento**.

A **verificação** funciona da seguinte forma: quando determinado processo alcança o setor de compras na organização, procede-se ao levantamento se houve, no exercício, aquisições ou contratações de objetos de mesma natureza e cujo somatório demande a adoção de modalidade licitatória (ou de rito licitatório mais formal). Por exemplo, um processo de aquisição de prismas de acrílico, com despesa estimada em R$ 3.500,00, chega à área de compras do órgão ou entidade. Nesse momento, o gestor deve efetuar o levantamento se houve outras aquisições de itens de material confeccionados de acrílico,

---

[2] Nominou-se "fornecedor especializado" aquele que é dedicado a um ramo comercial específico. Contrapõe-se, grosso modo, às "representações comerciais".

no ano civil. Caso haja, por exemplo, o achado que canoplas de acrílico foram adquiridas por dispensa de licitação, no valor de R$ 5.000,00, é mandatório que se proceda à licitação.

Este exemplo bem ilustra os óbices advindos de se limitar a verificação. Primeiramente, ante a dificuldade de se esgotar, em termos descritivos, os objetos de mesma natureza, a procura de itens que se encontrem nesta mesma categoria aproxima-se de um método de fortuna[3]. Ademais, perde-se em economia de escala, haja vista a inexistência de mecanismos que evitem um excessivo parcelamento das compras. Por fim, há a possibilidade, na verificação, de se identificar outro processo que cuide de bem análogo e que esteja ainda em fase de instrução. Nesse caso, é recomendável proceder à junção dos processos, de forma a compor um único rito de compra. Não obstante, há de se considerar o custo envolvido nas rotinas de compilação de planilhas estimativas de despesa e de termos de referência, por exemplo.

Já o **planejamento** das aquisições e contratações constitui ponto basilar à mitigação do fracionamento de despesas, consoante alertado de forma reiterada pela Corte de Contas:

> 5.1.1 **aperfeiçoe seu planejamento de compras** de forma a prever a totalidade das aquisições em cada exercício, evitando a ocorrência, mesmo que involuntária, do fracionamento de despesas. (Acórdão nº 2.297/13 – Primeira Câmara TCU[4]) (destaque deste autor).

Na mesma seara, o *Manual de Licitações e Contratos* do Tribunal de Contas da União traz a seguinte explanação atinente à relação entre o fracionamento de despesa e o planejamento das aquisições e contratações:

> É comum o gestor público não saber, ao longo do exercício, quanto por exemplo vai ser gasto efetivamente na contratação de bens, de execução de obras ou de prestação de serviços. Não tem o hábito de planejar.
>
> Não raras vezes, ocorre fracionamento da despesa pela ausência de planejamento da Administração. O planejamento do exercício deve observar o princípio da anualidade do orçamento. Logo, não pode o agente público justificar o fracionamento da despesa com várias aquisições ou contratações no mesmo

---

[3] Um caso simples que ilustra tal dificuldade refere-se à aquisição de distintivos para determinado órgão. Quais os metadados a serem inseridos como critério de busca na base histórica de aquisições deste órgão? Poderíamos utilizar "distintivo", "bótom", "pin"... mas note que, *a priori*, são palavras inseridas sob o juízo do gestor. Não há segurança de se estar esgotando os critérios de busca – o metadados "brasão", que cuida de objeto de mesma natureza que "distintivo", pode ser esquecido.

[4] No mesmo sentido, citam-se os Acórdãos nº 4.061/12 – Primeira Câmara, Acórdão nº 367/10 – Segunda Câmara, Acórdão nº 589/10 – Primeira Câmara, Acórdão nº 2.575/09 – Plenário, dentre outros.

exercício, sob modalidade de licitação inferior àquela exigida para o total da despesa no ano, **quando decorrente da falta de planejamento**. (BRASIL, 2010, p. 105) (destaque deste autor)

Trata o planejamento, pois, de iniciativa *ex ante* à consolidação segregada de processos de aquisição, agindo desde o nascedouro das demandas no órgão ou entidade. O planejamento é, em si, atividade que se harmoniza com princípios tais como o da anualidade do orçamento, da economicidade e coaduna-se, ainda, com a persecução da sustentabilidade nas compras públicas.

Neste ponto, entende-se que a relevância do planejamento nas compras públicas esteja suficientemente clara. Não obstante, a pergunta mais objetiva que surge, como não poderia deixar de ser, é: **como planejar as aquisições e as contratações?**

Logicamente, não há apenas uma forma de se planejarem as aquisições/contratações. A título de ilustração, arrolam-se a seguir algumas medidas – em termos de inovações – que promovem tal iniciativa:

(i) **implementação de uma central de compras**: refere-se a um papel assumido pela unidade de compras / contratações do órgão ou entidade, marcado pela proatividade em termos de levantamento das necessidades das demais unidades organizacionais, pelo fomento do diálogo entre tais unidades e pela assessoria no que concerne à instrução dos processos de aquisição. A característica central inerente à central de compras reside em sua capacidade de inteligência no que concerne ao planejamento e à organização das demandas, bem como ao relacionamento com os clientes internos;

(ii) **estabelecimento de um calendário de compras**: trata-se da determinação de prazos-base para que aquisições ou contratações de itens de mesma natureza sejam realizadas em conjunto. Como exemplo, poder-se-ia determinar que houvesse três compras anuais de materiais elétricos, sendo que os pleitos devessem alcançar a unidade de compras até os meses de janeiro, maio e setembro, para que as licitações ocorram nos meses de março, julho e novembro, respectivamente. Um pedido de compra de material elétrico efetuado no mês de fevereiro, nessas condições, só iria ser licitado em julho. Se, por um lado, tal medida soa contraproducente, por outro obrigaria todas as unidades administrativas que compõem determinado órgão ou entidade a se **planejarem**. A implicação é a redução de pleitos intempestivos, além da uniformização das expectativas acerca de quando os itens demandados serão de fato contratados ou adquiridos. Ainda sob a lente do calendário de compras, não se olvida a possibilidade de um pedido urgente e imprevisível ocorrer no interregno entre dois meses para a captação das demandas: neste caso, em se tratando de uma solicitação de fato urgente, não há impedimento para que seja levada adiante em processo específico;

(iii) **tratamento especial a processos críticos**: processos de compra críticos, seja pela relevância qualitativa do objeto, pelo vulto ou por sua complexidade podem merecer tratamento especial, sendo conduzidos nos moldes de projetos, apresentando como um dos produtos precípuos o próprio instrumento convocatório. Nestes casos, os elementos-chaves da instrução que compõem a fase interna (elaboração das especificações, do termo de referência, estimativa de despesas, confecção do edital etc.) devem ser discutidos, conforme sucedem, com todos os atores envolvidos no processo (área interessada, especificadores, orçamentistas, área de compras, área jurídica etc.). Mediante a execução de um cronograma de reuniões, as informações são apresentadas e analisadas por todos os envolvidos, acarretando menos retrabalho e maior celeridade (já que, por exemplo, quando o processo alcançar a área jurídica, a análise é quase que imediata, pois os termos processuais já são conhecidos e foram discutidos anteriormente);

(iv) **exigência, na instrução processual, de justificativas robustas para a aquisição**: o analisar os diversos termos de referência dos processos de aquisição ou contratação, a área de compras da organização deve efetuar um controle intensivo no que concerne às justificativas de mérito e do quantitativo de itens pleiteados. Ao passo que a justificativa de mérito evidencia a raiz da própria necessidade da compra, a justificativa do quantitativo deve espelhar a real expectativa de consumo da unidade demandante, consubstanciada mediante argumentos objetivos e sólidos, por vezes sendo pertinente a apresentação de planilhas de cálculo. Processos com quantitativos subestimados podem ensejar que novos processos alusivos ao mesmo objeto sejam protocolizados em curto prazo. Logicamente, quantitativos superestimados apresentam--se como desperdício de recursos públicos;

(v) **o uso do sistema de registro de preços (SRP)**: o sistema de registro de preços surge como modo de aquisição ou contratação que favorece o planejamento nas compras públicas, em especial por ser aplicável satisfatoriamente nos casos de contratações frequentes e cujos quantitativos exatos sejam imprevisíveis. Ademais, em se tratando de compras compartilhadas (ótica interorganizacional), o SRP é a sistemática a ser adotada. No que concerne especificamente à mitigação do fracionamento de despesa, haja vista a faculdade, inerente ao SRP, de determinado quantitativo registrado em ata não ser adquirido, o recomendável é que haja a previsão de um percentual adicional dos itens originalmente pleiteados (10 a 20%, de modo geral), de forma a bem atender demandas futuras que, de fato, foram imprevistas. A utilidade do SRP *versus* o fracionamento de despesa já foi trazida à baila pelo Tribunal de Contas da União:

> Com intuito de evitar fracionamento de despesa, vedado pelo art. 23, § 2º, da Lei nº 8.666/93, utilizar-se, na aquisição de bens, do sistema de registro de preços de que tratam o inciso II e §§ 1º e 4º, do art. 15, da citada Lei. (Decisão nº 472/99 – Plenário TCU)

(vi) **desenvolvimento de um sistema de controle e de informações gerenciais**: sistemas de tecnologia da informação e comunicação (TIC) podem oferecer significativa contribuição ao planejamento das compras. São três as principais macro funcionalidades que tais sistemas devem prover, a saber:

a. **informações gerenciais**: geração de planilhas ou de relatórios com os seguintes dados:

- relação de processos de compra e contratação em aberto, ou seja, sem que tenham sido finalizados, contendo informações acerca de seus objetos (descrição e valor estimado, ao menos);
- consulta aos termos de referência, por processo protocolizado (ver Capítulo 3);
- consulta de compras ou de contratações já realizadas no exercício, por objeto, apresentando como resultado a listagem por rito de compra (modalidade de licitação ou compra direta) e valor.

b. **ações de planejamento**: em geral, as ações de planejamento referem-se às possibilidades de arranjo dos processos em aberto, por intermédio das seguintes medidas:

- anexação de processos, com a subsequente compilação das especificações, dos termos de referência e das planilhas orçamentárias, se houver;
- desmembramento de processos (divisão em processos distintos de itens de material ou de serviço originalmente constantes de um único processo), com segmentação de especificações, de termos de referência e de planilhas orçamentárias, se houver.

c. **ações de controle**: trata-se de bloqueios e/ou alertas no sistema nas hipóteses de se registrar compra que iria implicar fracionamento de despesa. Um aprofundamento nas ações de controle, com proposta de critério a ser adotado, será apresentado na próxima seção.

Como síntese das medidas ora propostas, poder-se-ia afirmar que uma central de compras bem estruturada e dotada de capacidade de inteligência e de articulação entre as unidades administrativas do órgão ou entidade é o coração do planejamento das aquisições e das contratações. As estratégias elaboradas pela central de compras com vistas à consecução do almejado planejamento podem valer-se da implementação de um calendário de compras, do emprego do sistema de registro de preços, do crivo contundente no que tange às justificativas nos pleitos a ela encaminhados, bem como ser catalisadas pelas funcionalidades de um sistema de TIC dedicado à facilitação da instrução e do controle do processo de aquisição.

5.5. PROPOSTA PARA O CONTROLE DE FRACIONAMENTO DE DESPESA

Conforme relatado anteriormente neste Capítulo, a chave para o efetivo controle do fracionamento de despesa é a definição prévia do que se entende por bens e serviços de mesma natureza. Trata-se, consoante estatui a vaga jurisprudência do Tribunal de Contas da União, de um conceito situado em algum lugar entre o próprio objeto e o subelemento de despesa. Mas qual o nível correto de agregação a ser empregado?

O grupo de trabalho composto na Câmara dos Deputados em 2013, no âmbito do Processo nº 139.109/2010, dedicou-se a conceber uma proposta para tal nível, a fim de se implementar o aludido controle. Com fulcro na definição constitutiva de natureza do objeto (ver Quadro 13), o grupo entendeu que o controle a fim de evitar o fracionamento da despesa não deve focar, isoladamente, os gastos com determinado objeto (por exemplo, "ar-condicionado"), mas sim com um congregado de itens que guardem similaridade de gênero entre si e que, preferencialmente, sejam comercializados por fornecedores especializados em determinado ramo (por exemplo, em materiais/equipamentos de refrigeração).

Em pesquisa acerca de práticas de classificação de materiais de ampla difusão no mercado, o grupo em tela deparou-se com uma convenção hierárquica definida e adotada pelas Nações Unidas, denominada *United Nations Standard Product and Service Code*[5] (UNSPSC[6]). De modo geral, os itens de material

---
5 Código Padrão de Produtos e Serviços das Nações Unidas, em tradução livre.
6 Maiores informações sobre o UNSPSC estão disponíveis no sítio: <https://www.unspsc.org>.

e serviços são classificados nas seguintes categorias, hierarquicamente crescentes: (i) item de material/serviço; (ii) classe; (iii) família e (iv) segmento. Um exemplo ilustrativo é apresentado na Figura 6:

Figura 6. Exemplo de segmentação hierárquica no UNSPSC.

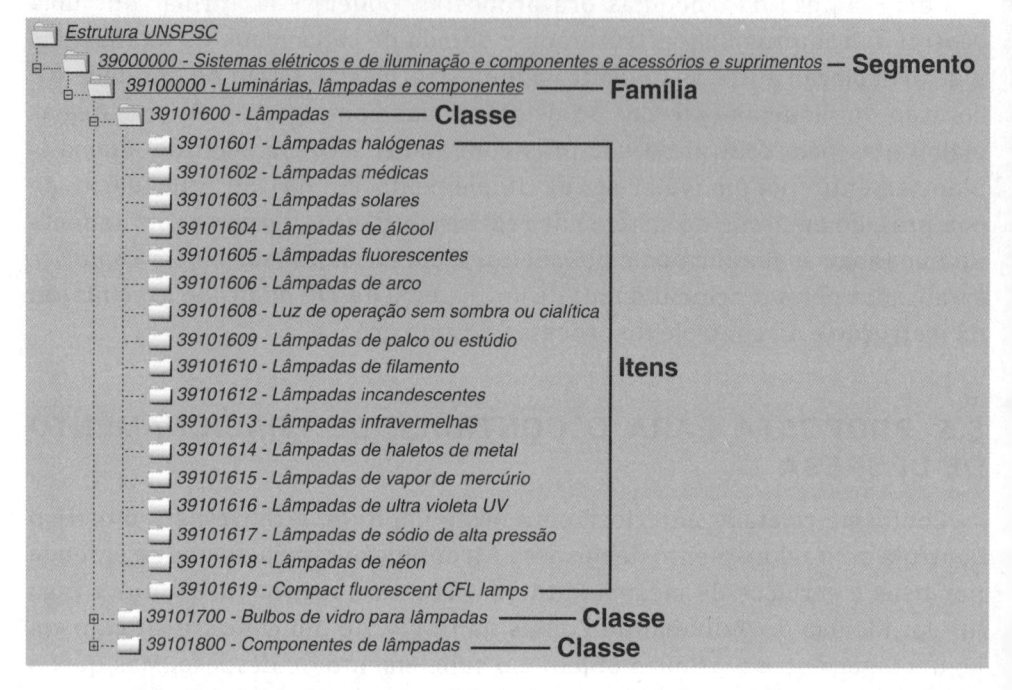

```
Estrutura UNSPSC
  39000000 - Sistemas elétricos e de iluminação e componentes e acessórios e suprimentos — Segmento
    39100000 - Luminárias, lâmpadas e componentes ——— Família
      39101600 - Lâmpadas ——— Classe
        39101601 - Lâmpadas halógenas
        39101602 - Lâmpadas médicas
        39101603 - Lâmpadas solares
        39101604 - Lâmpadas de álcool
        39101605 - Lâmpadas fluorescentes
        39101606 - Lâmpadas de arco
        39101608 - Luz de operação sem sombra ou cialítica
        39101609 - Lâmpadas de palco ou estúdio
        39101610 - Lâmpadas de filamento          Itens
        39101612 - Lâmpadas incandescentes
        39101613 - Lâmpadas infravermelhas
        39101614 - Lâmpadas de haletos de metal
        39101615 - Lâmpadas de vapor de mercúrio
        39101616 - Lâmpadas de ultra violeta UV
        39101617 - Lâmpadas de sódio de alta pressão
        39101618 - Lâmpadas de néon
        39101619 - Compact fluorescent CFL lamps
      39101700 - Bulbos de vidro para lâmpadas ——— Classe
      39101800 - Componentes de lâmpadas ——— Classe
```

Fonte: Relatório final do grupo de trabalho da Câmara dos Deputados (Processo nº 139.109/2010).

A linha de ação vislumbrada pelo grupo foi a adoção de **famílias**, assim definidas pelo UNSPSC, como critérios norteadores do controle de fracionamento de despesa na Câmara dos Deputados, opção que se remete à abrangência usual do ramo de atividade de empresas de atuação especializada no mercado. O Quadro 14 apresenta exemplos de objetos constantes em determinadas famílias inerentes à codificação UNSPSC.

Quadro 14. Exemplos de aplicação da codificação UNSPSC como critério de controle de fracionamento de despesa

FAMÍLIA (Codificação UNSPSC)	Exemplos de objetos na família (a serem considerados no cômputo a fim de se evitar o fracionamento de despesa)
Aquecimento, ventilação e circulação de ar	Ar-condicionado, coletor de ar, exaustor de ar, difusor de ar, ventilador, tubos de ventilação, circulador de ar, resfriadores, evaporadores etc.

FAMÍLIA (Codificação UNSPSC)	Exemplos de objetos na família (a serem considerados no cômputo a fim de se evitar o fracionamento de despesa)
Equipamentos para serviço de alimentação institucional	Torradeira, frigideiras comerciais, forno com grelha, panelas de pressão de uso comercial, fogareiro, liquidificador, máquinas de suco etc.
Quadros	Quadros magnéticos (e acessórios), cavaletes, quadros para giz, conjuntos de limpeza para quadros, trilhos ou suportes para suspensão de quadros etc.
Projetores e suprimentos	Apontadores, bulbos para projeção, tela para projeção, painéis de projeção, suportes, controles de dissolução etc.
Equipamentos audiovisuais	Televisores, microfones, fones de ouvido, gravadores, equalizadores, rádios, autofalantes, tocadores de DVD etc.
Produtos de vidro	Vidro temperado, vidro laminado, vidro suspenso, vidro de segurança etc.

Fonte: elaborado pelo autor, com base na codificação UNSPSC.

Aplicando-se o método ora aventado, os itens registrados na coluna à direita do Quadro 14 são passíveis de serem agrupados, para fins de controle, como dotados de mesma natureza. O que se vislumbrou foi a criação de grupos, vinculados ao catálogo de especificação no sistema informatizado que cuida da gestão de materiais e serviços na Câmara dos Deputados (Sigmas), representantes das famílias de materiais julgadas mais relevantes para fins de controle. A nomenclatura desses grupos e os itens congregados por eles obedeceriam à orientação da codificação UNSPSC.

No decorrer do exercício, ao se efetuarem os lançamentos no Sigmas (previamente à emissão de notas de empenho de despesa ou à formalização de termos de contrato), rotinas de controle seriam efetuadas, em especial:

- disponibilização, ao gestor, do saldo remanescente, inerente à família, até o limite da dispensa de licitação por valor, ou às modalidades licitatórias convite e tomada de preços;
- alerta e bloqueio da operação, no caso de se ultrapassar o valor máximo da dispensa de licitação por valor para determinada família, ou das modalidades convite e tomada de preços.

Capítulo 6

Compras Compartilhadas na Administração Pública: Análise Mercadológica e os Problemas do Nível de Análise[1]

6.1. INTRODUÇÃO

Contando com patrocínio significativo do Poder Executivo Federal – mormente do Ministério do Planejamento, Orçamento e Gestão (MPOG), as compras compartilhadas vêm ganhando espaço desde o final da década passada. A despeito das iniciativas mais recorrentes e robustas, das propostas de estruturação funcional que provejam o respaldo necessário (p. ex. uma Central de Compras Compartilhadas, instituída recentemente pelo Decreto nº 8.189 de 21 de janeiro de 2014) e das manchetes de páginas institucionais na internet, usualmente com destaque para a geração de economia decorrente dessa iniciativa, o fato é que raras são as análises imparciais das Compras Compartilhadas, seja em termos processuais ou mercadológicos.

O presente Capítulo vem a minimizar esta lacuna, espelhando conteúdo ministrado por ocasião do Seminário *Compras Estratégicas Compartilhadas*, realizado na Escola Nacional de Administração Pública em 28 de novembro de 2013.

6.2. CONCEITO

A noção de compra compartilhada refere-se à aquisição por um órgão público, via Sistema de Registro de Preços, na qual há órgãos participantes.

---
1 O presente capítulo foi publicado, como artigo, na Revista *Negócios Públicos*. Houve edições ao texto já publicado para a inserção nesta obra.

Entre os conceitos aplicáveis, traz-se à baila o consignado na Instrução Normativa nº 10/2012, da Secretaria de Logística e Tecnologia da Informação (SLTI / MPOG):

> Art. 2º [...]
> inciso XI – compra compartilhada: contratação para um grupo de participantes previamente estabelecidos, na qual a responsabilidade de condução do processo licitatório e gerenciamento da ata de registro de preços serão de um órgão ou entidade da Administração Pública Federal.

O ingresso do órgão participante em uma compra compartilhada, ainda durante a fase interna da licitação, dá-me mediante o procedimento de Intenção de Registro de Preços (IRP), instituído pelo art. 4º do Decreto nº 7.892/2013. Ao passo que cabe ao órgão gerenciador da ata registrar a IRP no Portal de Compras do Governo Federal, aos órgãos participantes cabe a manifestação de interesse em tomar parte no registro de preços, providenciando e encaminhando àquele informações tais como estimativa de consumo, local de entrega, cronograma de contratação etc.

Há de se considerar que a previsão legal para as compras compartilhadas já residia no Decreto nº 3.931/2001, ora revogado. De fato, na última década, inúmeras foram as licitações para registro de preços que contaram com órgãos participantes. Denota-se, contudo, um viés de inovação no conceito de "compras compartilhadas" suscitado pelo Governo Federal nos últimos anos: trata-se de um novo paradigma de compra pública, marcado por traços singulares, assim distinguidos[2]:

(i) **formação de redes organizacionais previamente à IRP**: usualmente, promovem-se diversas ações de coordenação entre o órgão gerenciador e os potenciais participantes da ata de registro de preços, tais como encontros, reuniões e fóruns. Há casos de realização de audiências públicas junto ao mercado fornecedor. O intuito é a definição conjunta do objeto a ser licitado, seja em termos de especificações, de procedimentos em termos de controle de qualidade e de logística para fins de fornecimento de materiais ou prestação de serviços;

(ii) **número significativo de órgãos participantes**: inicialmente com poucas dezenas de participantes, o estágio atual das compras compartilhadas chega a abranger quantitativo próximo a uma centena de órgãos públicos;

---

[2] Nem todas as compras compartilhadas irão apresentar todos os traços arrolados. Trata-se, contudo, de um norte que abarca uma tendência central a essas iniciativas.

(iii) **viés de sustentabilidade**: a partir do pioneirismo da compra pública sustentável de material de expediente capitaneada pelo Instituto de Pesquisas Jardim Botânico do Rio de Janeiro, em 2010, às compras compartilhadas foi atribuída a capacidade de influência na ampliação de um mercado de produtos e serviços sustentáveis. Trata-se do uso do poder de compra do Estado, conforme veremos com detalhes no Capítulo 7;

(iv) **aquisição/contratação de bens e serviços de uso uniforme na esfera pública**: em geral, as compras compartilhadas voltam-se à aquisição de material de expediente, de material e equipamentos de informática e de serviços de telefonia, entre outros objetos de uso abrangente nos órgãos públicos.

O cotejamento entre aquisições/contratações conduzidas de forma segregada entre órgãos públicos e compras compartilhadas muito se assemelha à comparação entre as estruturas das áreas de compras em uma organização, precipuamente no que diz respeito à centralização ou descentralização. Ao passo que as iniciativas segregadas apresentam predicados que convergem às práticas de uma política descentralizada de compras, o compartilhamento harmoniza-se com uma política centralizada, consoante registrado no Quadro 15.

Quadro 15. Vantagens da compra compartilhada e segregada.

VANTAGENS[3]	
COMPRA COMPARTILHADA	**COMPRA SEGREGADA**
• obtenção de maior economia de escala;	• maior autonomia do órgão comprador;
• menos custo operacional do processo de compra (custo de pedido);	• maior celeridade no processo licitatório (não há a necessidade de compilação de demandas).
• fortalecimento das relações institucionais;	
• padronização dos itens adquiridos;	
• transparência da compra.	

Fonte: Elaborado pelo autor.

Evidenciado este novo paradigma, cuja estruturação é contemplada como projeto prioritário pela Secretaria de Logística e Tecnologia da Informação (SLTI/MPOG), mostra-se pertinente, num primeiro momento, a análise à luz dos princípios licitatórios, desenvolvida na próxima seção.

---
3 As vantagens da compra compartilhada são desvantagens da compra segregada e vice-versa, no cotejamento em questão.

6.3. INICIATIVAS DE DESTAQUE NAS COMPRAS COMPARTILHADAS

Para fins desta obra, selecionaram-se duas iniciativas de destaque no âmbito das compras compartilhadas: a compra capitaneada pelo Instituto de Pesquisas Jardim Botânico do Rio de Janeiro (JBRJ), a partir de abril de 2010, por ser a primeira compra compartilhada sustentável do Governo Federal, e o Registro de Preços Nacional (RPN), modelo gerido pelo Fundo Nacional de Desenvolvimento da Educação (FNDE), pela robustez e vulto da empreitada.

6.3.1. A experiência do Instituto de Pesquisas Jardim Botânico do Rio de Janeiro

Trata-se da ação conduzida pelo Instituto Jardim Botânico do Rio de Janeiro, com início em abril de 2010, que implementou uma compra compartilhada sustentável de 48 itens de material de expediente com 10 órgãos da Administração Pública Federal, sendo esta a iniciativa pioneira em associar o viés de sustentabilidade às contratações compartilhadas.

Após a elaboração da listagem de materiais a serem adquiridos, a iniciativa foi divulgada na 3ª edição do Fórum de Lideranças Executivas de Órgãos Públicos Federais do Rio de Janeiro (GesRio). Procedeu-se à pesquisa de mercado e ao cadastramento dos itens no catálogo de materiais do Siasg (também em caráter inédito, o que pôde favorecer a compra posterior desses itens). Em julho de 2010 publicou-se a intenção de registro de preços (IRP), contando com a participação de órgãos como a Fundação Oswaldo Cruz, Instituto Nacional da Propriedade Intelectual (INPI), Receita Federal do Brasil, Ministério da Agricultura, Pecuária e Abastecimento (Mapa), Universidade Federal de Pernambuco, entre outros.

Após a realização da sessão do pregão, o valor contratado correspondeu a 49,89% do valor previamente estimado, fato que pode ser remetido, ao menos parcialmente, à economia de escala.

6.3.2. O Registro de Preços Nacional (RPN)

O Decreto nº 8.250, de 23 de maio de 2014, que alterou dispositivos do Decreto nº 7.892/2013, institui a chamada **compra nacional**, destinada a subsidiar a execução de programa ou de projeto federal, assim referida:

> Art. 2º Para os efeitos deste Decreto, são adotadas as seguintes definições:
> [...]

> VI – **compra nacional** – compra ou contratação de bens e serviços, em que o órgão gerenciador conduz os procedimentos para registro de preços destinado à **execução descentralizada de programa ou projeto federal**, mediante prévia indicação da demanda pelos entes federados **beneficiados**; e
>
> VII – **órgão participante de compra nacional** – órgão ou entidade da administração pública que, em razão de participação em programa ou projeto federal, é contemplado no registro de preços **independente de manifestação formal**.
>
> [...]
>
> Art. 6º [...]
>
> § 2º No caso de **compra nacional**, o órgão gerenciador promoverá a divulgação da ação, a pesquisa de mercado e **a consolidação da demanda dos órgãos e entidades da administração direta e indireta da União, dos Estados, do Distrito Federal e dos Municípios**.
>
> § 3º Na hipótese prevista no § 2º, comprovada a vantajosidade, fica facultado aos órgãos ou entidades participantes de compra nacional a execução da ata de registro de preços vinculada ao programa ou projeto federal.
>
> § 4º Os entes federados participantes de compra nacional poderão utilizar recursos de transferências legais ou voluntárias da União, vinculados aos processos ou projetos objeto de descentralização e de recursos próprios para suas demandas de aquisição no âmbito da ata de registro de preços de compra nacional. (destaques deste autor)

Em que pese esta recente formalização da compra nacional, de fato a prática era conduzida desde 2005 pelo Fundo Nacional de Desenvolvimento da Educação (FNDE), mediante um modelo gerencial denominado Registro de Preços Nacional (RPN).

Anteriormente à Resolução CD/FNDE nº 27, de 5 de julho de 2005, havia o repasse de valores, por parte do Governo Federal, diretamente aos 5.565 Municípios (transferências voluntárias), sendo estes os responsáveis pela realização das licitações cujos objetos eram relacionados ao âmbito da educação.

Tal prática esbarrava na carência de capacidade técnico-administrativa dos Municípios, implicando a baixa qualidade dos produtos adquiridos, bem como o reduzido quantitativo das compras (considerando-se a aquisição segmentada por Município, em comparação com uma aquisição conjunta), acarretando a não percepção de economia de escala. Somam-se a estes fatores a falta de padronização das compras e a menor transparência inerente à pulverização das aquisições.

Nesse cenário, estruturou-se o Registro de Preços Nacional (RPN), modelo gerencial que tem no FNDE o órgão central responsável pelas grandes aquisições/contratações do Ministério da Educação e de seus parceiros, e que serve como auxiliar na implementação de políticas públicas de educação.

O RPN fundamenta-se na hipótese de que o Governo Federal, por deter a capacidade técnico-operacional necessária, é capaz de realizar um único processo licitatório para atender a todo o território nacional. Compila-se, assim, a demanda oriunda da educação básica[4], e, com a colaboração de especialistas (universidades, entidades certificadoras, Inmetro etc.), elaboram-se as especificações técnicas.

Após o estudo de mercado, destinado à identificação da cadeia produtiva e ao estabelecimento de um preço de referência, realiza-se uma audiência pública, na qual são agregadas contribuições dos futuros usuários, bem como se consolidam as especificações frente ao mercado fornecedor. Realizada a licitação, há ainda uma etapa de verificação da qualidade dos produtos ofertados, efetuada em conjunto com laboratórios e instituições especializadas, tal como o Inmetro.

6.4. ANÁLISE DAS COMPRAS COMPARTILHADAS À LUZ DOS PRINCÍPIOS LICITATÓRIOS

Malgrado a possibilidade de se relacionarem as compras compartilhadas com todos os princípios arrolados no art. 3º da Lei nº 8.666/93, quatro são merecedores de destaque na presente análise, por evidenciarem íntima conexão com tal iniciativa. Ainda, vislumbra-se a pertinência de abordá-los dois a dois, tecendo uma potencial divergência em prol de suas consecuções – trata-se da seleção da proposta mais vantajosa *versus* o desenvolvimento nacional sustentável e da competitividade *versus* isonomia, sobre os quais se discorre a seguir.

6.4.1. Seleção da proposta mais vantajosa *versus* desenvolvimento nacional sustentável

Preliminarmente, no que concerne às compras compartilhadas sustentáveis, há de se voltar à suposta contradição entre a seleção da proposta mais vantajosa (sob a ótica pecuniária, haja vista o valor a maior, em geral, do consumo dito "verde") e a persecução do desenvolvimento nacional sustentável. Tal

---

4 Interessante notar que, no Registro de Preços Nacional surge a figura do **beneficiário**, definido como a entidade estadual ou municipal cujos quantitativos para atendimento de suas necessidades são contemplados na totalidade do quantitativo registrado, responsável pela fiscalização contratual, para suas próprias contratações.

divergência, inerente às licitações sustentáveis[5] *per se*, seria de certa forma minimizada ante a economia de escala típica das aquisições de maior vulto.

Não obstante, a dimensão econômica, em termos finalísticos, é apenas uma das vertentes da vantajosidade buscada pelo Estado nas licitações. Conforme salienta Marçal Justen Filho (2011), "a proposta mais vantajosa [economicamente] pode ser inadequada a assegurar a realização dos fins indiretos buscados pela Administração". Percebe-se, pois, a vantagem como uma relação custo-benefício, sendo que, no caso das compras sustentáveis, o cerne repousa na definição do benefício ambiental e social que se espera, atendendo-se às necessidades do presente, sem comprometer a possibilidade de as gerações futuras atenderem às suas próprias necessidades (BRUNDTLAND, 1991).

Destarte, a Administração Pública, ao lançar às compras compartilhadas sustentáveis, carece de plena ciência do fato de que, ao passo que a observância da supremacia da vantajosidade econômica é passível de comprometer a realização de fins ambientais e/ou sociais sustentáveis, o custo a maior das compras verdes pode consumir recursos que, de outra forma, teriam emprego imediato em políticas públicas diversas.

6.4.2. Competitividade *versus* isonomia: análise mercadológica

Servindo didaticamente à presente análise, pode-se usar do seguinte artifício: estabelecem-se situações hipotéticas, dispostas em um *continuum*, que representam situações que implicam uma competitividade decrescente em licitações, conforme ilustrado na Figura 7.

Figura 7. Situações de competitividade decrescente em licitações.

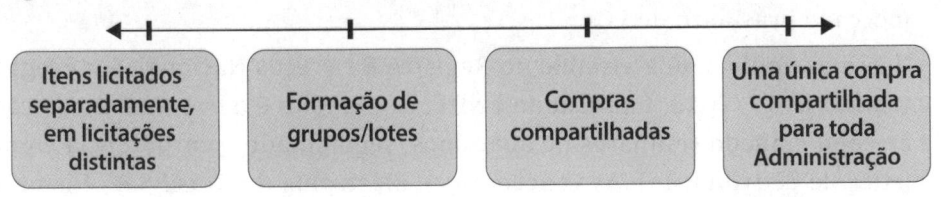

Itens licitados separadamente, em licitações distintas	Formação de grupos/lotes	Compras compartilhadas	Uma única compra compartilhada para toda Administração

Fonte: elaborada pelo autor.

Na extrema esquerda da Figura 7, representa-se a conjuntura de maior potencial de competitividade. Trata-se de licitar itens separadamente (sem formação de grupos), em certames distintos (de modo a possibilitar diversas

---

5 Conceitua-se, para fins desta obra, licitação sustentável como procedimento que permite a introdução de critérios ambientais, sociais e econômicos nas aquisições de bens, contratações de serviços e execução de obras, consoante veremos com detalhes no Capítulo 7.

aberturas temporalmente distintas ao mercado). Em seguida, ao se formarem grupos, compromete-se relativamente a possibilidade de os licitantes elaborarem suas propostas, haja vista que devem contemplar a totalidade de itens que compõem o grupo.

Em estágios ulteriores, a compra compartilhada (em especial a que empregar a formação de grupos), bem como a situação hipotética de se efetuar uma única compra compartilhada para toda a Administração Pública (anualmente, por exemplo), por representarem limitações às janelas de oportunidade aos fornecedores, são entendidas como cerceadoras da ampla competitividade, em especial pela singularidade da janela de oportunidade que representam.

Não obstante, em uma análise mercadológica dos impactos das compras compartilhadas, não só as citadas janelas de oportunidade devem ser consideradas. Conjetura-se, nesse bojo, que a pergunta central a ser analisada é: **comprar em escala favorece quem produz em escala?**

Um estudo preliminar parece responder positivamente à questão acima. Ao se analisarem alguns certames conduzidos pelo Fundo Nacional de Desenvolvimento da Educação (FNDE), mediante a sistemática do pregão eletrônico para Registro de Preços Nacional (uma vertente robusta de compra compartilhada), há indícios de que as empresas que se sagram vencedoras são de grande porte ou até mesmo líderes de mercado. É o caso, por exemplo, do Pregão Eletrônico nº 85/2012, cujo objeto era a aquisição de notebooks (45.930 unidades) e impressoras (28.500 unidades). A vencedora foi a pessoa jurídica Positivo Informática S.A. que, em 2013, comemorou oito anos à frente do mercado brasileiro de PCs.

Outro exemplo, ainda visando ao Registro de Preços Nacional, é o Pregão Eletrônico nº 19/2013, também do FNDE, cujo objeto é a eventual aquisição de ar-condicionado (milhares de aparelhos, segmentados por potência e por logística de distribuição). As vencedoras – Electrolux do Brasil S.A., Dismafe Distribuidora de Máquinas e Ferramentas S.A., Gazin Indústria e Comércio de Móveis e Eletrodomésticos Ltda., entre outras, são exemplos de empresas às quais corresponde considerável *market share*.

Ainda à luz da questão proposta, há de se discorrer, brevemente, sobre a participação das microempresas (ME) e empresas de pequeno porte (EPP) nas compras compartilhadas. Em síntese, a democratização do acesso dessas empresas em certame encontra respaldo nas inovações trazidas pela

Lei Complementar nº 123/2006, assim sumarizadas: (i) comprovação de regularidade fiscal apenas para efeito de assinatura de contrato; (ii) preferência de contratação, seguindo-se os critérios de desempate estabelecidos pela norma; (iii) exigência de licitação, no valor de até R$ 80.000,00 por item, exclusiva para micro e pequenas empresas; (iv) fixação de percentual do item de licitação com relação ao qual será exigida a subcontratação de MEs EPPs, e (v) definição de percentual do item licitado de valor superior a R$ 80.000,00 – desde que se trate de bem divisível – cuja disputa será exclusiva entre micro e pequenas empresas.

Sem olvidar que as inferências ora consignadas carecem de estudos longitudinais, aclara-se, por ora, que tais medidas de fomento às MEs e EPPs são suscetíveis de fragilização no âmbito das compras compartilhadas. O alto vulto típico dos certames afasta a probabilidade de licitação exclusiva para essas empresas, restando-se assegurada tão somente a disputa de percentuais dos objetos. Se, por um lado, tal medida (a reserva de cota de até 25%, prevista no art. 48 da Lei Complementar nº 123/2006) parece sanear a hipossuficiência das MEs e EPPs, o fato é que, ao se adotar o paradigma de compras compartilhadas, menos licitações são efetuadas, oferecendo-se um número menor de "janelas de oportunidade" para que sejam realizadas contratações com o mercado – inclusive com o segmento em pauta.

Ademais, os percentuais fixados como critério de desempate (5% no caso de pregão e 10% nas demais modalidades) podem ser inócuos quando se compra em escala, à qual empresas de menor porte não podem fazer frente.

6.5. O PROBLEMA DO NÍVEL DE ANÁLISE

Uma vez expostas as implicações mercadológicas advindas das compras compartilhadas, insurge nova questão a ser respondida: **a hipotética criação / acentuação de oligopólios é uma variável a ser considerada?**

A resposta irá, de modo inequívoco, depender do nível de análise adotado pelo interlocutor. Para fins da presente obra, adotam-se como níveis de análise os representados na Figura 8.

Figura 8. Níveis de análise inerentes às compras compartilhadas.

```
                            Estado
                              |
                       Administração
                           Pública
         _____|_____
        |                   |                   |
     Compra              Compra              Compra
  compartilhada       compartilhada       compartilhada
        A                   B                   n
     __|__               __|__               __|__
    |     |             |     |             |     |
  Órgão  Órgãos       Órgão  Órgãos       Órgão  Órgãos
gerenciador participantes gerenciador participantes gerenciador participantes
```

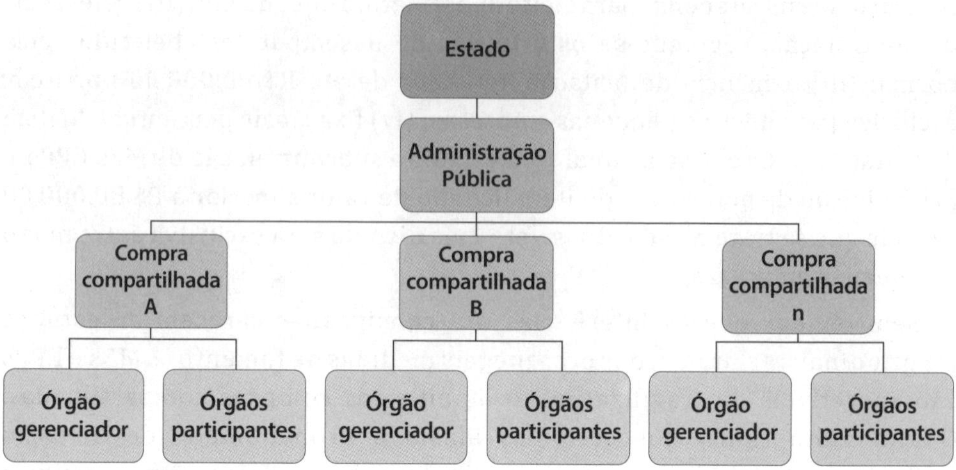

Fonte: elaborada pelo autor.

Ao se analisar as compras compartilhadas até o limite das fronteiras do órgão gerenciador da ata de registro de preços ou dos órgãos participantes, representando o nível mais basilar da figura acima, não se denota relevância em eventuais impactos no mercado. O que está em xeque é, em ótica de curto prazo, o preço final de contratação – a consecução (ou não) da economia de escala – bem como a economia processual da aquisição coletiva. De modo análogo, ao nível acima (ampliando-se a fronteira, que agora abarca todo um conjunto de órgãos que se coordenam na iniciativa de uma compra compartilhada específica) são associadas as mesmas preocupações.

Frisa-se que os dois primeiros níveis de análise são efêmeros: trata-se de empreendimentos restritos temporalmente à vigência das atas de registro de preços firmadas, preponderando, pois, os objetivos operacionais supramencionados.

No terceiro nível considerado – a Administração Pública como um todo – a preocupação com a criação ou a acentuação de eventuais oligopólios passa a tomar forma. Nesse nível, passa a se considerar o objetivo estratégico da manutenção de um mercado fornecedor saudável, aqui entendido como aquele que proveja a ampla competitividade. Desta forma, a monopolização (ou oligopolização) de determinado ramo de fornecimento coloca a esfera pública em uma indesejável situação de vulnerabilidade frente aos líderes de mercado.

Por derradeiro, no nível mais alto de análise representado na Figura 8 – o Estado – a consideração dos oligopólios transcende a seara das compras públicas, tomando contornos mais complexos. Nesse nível, são avaliados aspectos amplos ligados às políticas públicas e ao desenvolvimento econômico e social, tais como: fomento da atividade produtiva, distribuição de renda, criação de empregos e necessidade de regulação. O desbalanceamento no mercado, possível fruto advindo das práticas das compras compartilhadas, traduz-se em concentração de renda, limitação de empregabilidade e óbices às MEs e EPPs, entre outros.

Por outro lado, é mister ressaltar que as compras compartilhadas ressaltam o poder de compra estatal, sendo elemento de fomento ao desenvolvimento do mercado de produtos ambientalmente "corretos" – os chamados produtos "verdes". Insurge, assim, dois vieses das compras compartilhadas no que tange à sustentabilidade das compras públicas.

De toda sorte, ao se considerar a Administração Pública como um braço do Estado, sendo aquela um ator coletivo inserido em sistema amplo de relações, os impactos estratégicos, de longo prazo, fruto da adoção das compras compartilhadas devem ser bem analisados previamente à institucionalização deste novo paradigma. Tal é o entendimento exarado pela Controladoria-Geral da União, por intermédio do Relatório de Auditoria nº 201217309 (2012, p. 38), mormente no que tange aos impactos mercadológicos:

> Primeiramente, cabe ressaltar que esta equipe de auditoria não se posicionou em momento algum contra a realização de compras compartilhadas; muito pelo contrário, como bem pontuou a unidade, as compras compartilhadas tendem a permitir a obtenção de ganhos substanciais de escala e a redução de trâmites burocráticos. No entanto, se a realização de compras compartilhadas produz grandes benefícios para a APF, gera também, simultaneamente, maior responsabilidade das autoridades responsáveis pela compra, não só pelo porte **como por seus efeitos no mercado de fornecedores do produto ou serviço contratado.** (destaque deste autor)

6.6. CONSIDERAÇÕES FINAIS

A adoção do paradigma das compras compartilhadas posiciona a Administração Pública como ator de destaque junto ao mercado. Ao passo que tal iniciativa pode trazer benefícios tais como economia de escala e racionalização processual, há de se ampliar o nível de análise pertinente, de modo a obter um panorama real e acurado dessa prática.

De fato, conforme salienta Hofstede (1995), administração, ciência política e economia, a despeito de se concentrarem em aspectos particulares, transcendem níveis. De toda sorte, esta segmentação na abordagem de determinado fenômeno, implica, para esse autor, malefícios tais como compartimentalização, restrição de *inputs*, restrição de métodos e trivialidade de resultados. É o que se vislumbra na análise das compras compartilhadas, caso se restrinja às fronteiras dos órgãos gerenciadores e participantes das atas de registro de preços.

Duas são as perguntas centrais que regeram a presente análise. De certa forma, são perguntas complementares. Primeiramente, há de se conjeturar se a compra em escala favorece quem produz em escala, o que beneficiaria as empresas de grande porte – a despeito das normas de favorecimento às micro e pequenas empresas. Em seguida, na hipótese de inferência positiva sobre a primeira questão, deve-se verificar a resultante da formação ou da acentuação de oligopólios.

Logicamente, sendo esta uma análise preliminar, carece de aprofundamento, quiçá mediante uma pesquisa longitudinal, na qual sejam evidenciados os portes das vencedoras das compras compartilhadas ao longo do tempo, a criação de uma eventual concentração de mercado por nicho econômico e a participação das MEs e EPPs nessas licitações.

Complementa a proposição de agenda de pesquisa o estudo da real economia de escala advinda de uma compra compartilhada, haja vista que as atuais manchetes das páginas institucionais dos órgãos públicos, com raras exceções, referem-se às diferenças entre o preço estimado e o contratado. Tal "economia" pode, na realidade, ser um mero indicador de que o preço estimado não era um espelho fiel do praticado no mercado.

Capítulo 7

Licitações Sustentáveis: Boas Práticas e Barreiras de um Paradigma (ainda não) Vigente

7.1. INTRODUÇÃO

Ainda que tardiamente, passadas cerca de duas décadas desde a publicação da Lei de Licitações e Contratos, o governo mostra indícios de ter tomado ciência da capacidade de as licitações agirem como ferramental para a execução de determinadas políticas públicas.

Respondendo por cerca de 16% do Produto Interno Bruto, o vulto inerente às compras públicas surge como vetor mercadológico contundente. Visto que o governo e sua administração atuam no papel de protagonistas na injeção de capital no mercado, passam a gozar de poder para – dentro de certos limites – transformá-lo. Uma procura significativa por objetos escassos irá, ao longo do tempo, gerar uma oferta crescente, até um ponto de equilíbrio. Da mesma sorte, uma determinada regra em termos de favorecimento de segmentos específicos – micro e pequenas empresas, no caso – irá promover o seu desenvolvimento econômico.

O cerne normativo da interface entre licitações e políticas pública reside no art. 3º da Lei de Licitações e Contratos, alterado pela Lei nº 12.349/2010, cuja redação passou a ser[1]:

> Art. 3º **A licitação destina-se a garantir** a observância do princípio constitucional da isonomia, a seleção da proposta mais vantajosa para a administração e **a**

---

[1] A redação original do artigo não previa a "promoção do desenvolvimento nacional sustentável". Insta registrar que a Medida Provisória nº 495/2010 havia, anteriormente à publicação da Lei nº 12.349/2010, inserido no artigo a "promoção do desenvolvimento nacional".

> promoção do desenvolvimento nacional sustentável e será processada e julgada em estrita conformidade com os princípios básicos da legalidade, da impessoalidade, da moralidade, da igualdade, da publicidade, da probidade administrativa, da vinculação ao instrumento convocatório, do julgamento objetivo e dos que lhes são correlatos. (BRASIL, 1993) (destaques deste autor)

Após cinco anos da previsão da promoção do desenvolvimento nacional sustentável como um dos objetivos centrais das licitações, progressos marcantes foram realizados nesse sentido. Não obstante, o fato é que a licitação sustentável – nomenclatura usual da compra pública que se harmoniza com tal preceito legal – ainda não se consolidou como paradigma vigente das contratações da Administração Pública.

Neste Capítulo, tal realidade será discutida, iniciando-se pela apresentação dos conceitos de **desenvolvimento sustentável** e de **licitação sustentável**, para então adentrar-se na análise ampla das práticas e das regulamentações legais que se inserem no bojo da sustentabilidade.

7.2. OS CONCEITOS DE DESENVOLVIMENTO SUSTENTÁVEL E DE LICITAÇÃO SUSTENTÁVEL

Consoante análise de Costa (2011), o conceito de desenvolvimento sustentável foi disseminado a partir de 1987, em um documento elaborado pela Comissão Mundial sobre Meio Ambiente e Desenvolvimento da Organização das Nações Unidas (ONU) conhecido como Relatório *Brundtland*[2]. Em tal documento, **desenvolvimento sustentável** é da seguinte maneira apresentado:

> O desenvolvimento que procura satisfazer as necessidades da geração atual, sem comprometer a capacidade das gerações futuras de satisfazerem as suas próprias necessidades, significa possibilitar que as pessoas, agora e no futuro, atinjam um nível satisfatório de desenvolvimento social e econômico e de realização humana e cultural, fazendo, ao mesmo tempo, um uso razoável dos recursos da terra e preservando as espécies e os habitats naturais. (ONU, 1987).

Ainda de acordo com o citado relatório, obtém-se o desenvolvimento sustentável quando toma lugar um processo no qual a exploração de recursos, a direção dos investimentos, a orientação do desenvolvimento tecnológico e as mudanças institucionais mostram-se em harmonia com a perpetuação do

---
[2] Nomeado em função de Gro Harlem Brundtland, médica e política norueguesa, que presidiu a citada comissão.

atendimento às necessidades e às aspirações humanas. Trata-se, em síntese, de uma expressão do desejo da humanidade de continuar a existir no planeta Terra indefinidamente.

O Relatório de Brundtland enfatiza as conexões entre igualdade social, produtividade econômica e qualidade do ambiente, entendidas como pilares da sustentabilidade. Em análise capinateada por Theis e Tomkin (2012), tais dimensões – social (incluindo sociopolítica), econômica e ambiental – são assim esclarecidas:

(i) **social (sociopolítica)**: refere-se às interações entre instituições, empresas e pessoas, abarcando valores humanos, aspirações, bem-estar e questões éticas que dão o esteio às tomadas de decisão que dependem de ação coletiva;

(ii) **econômica**: os interesses econômicos definem o quadro para a tomada de decisão, o fluxo de capital financeiro, e a facilitação do comércio, incluindo conhecimentos, habilidades, competências e outros atributos incorporados nos indivíduos que são relevantes à atividade econômica. Esta dimensão refere-se, ainda, à distribuição eficiente dos recursos disponíveis e à regulação do fluxo de investimento, de forma a empregar e a utilizar satisfatoriamente as riquezas produzidas;

(iii) **ambiental**: trata-se do reconhecimento da diversidade e da interdependência dentro de sistemas vivos, os bens e serviços produzidos pelos ecossistemas do mundo e os impactos dos resíduos humanos.

No mesmo sentido, a Declaração de Johannesburgo de 2002[3] reforça o entendimento de que há três vetores principais que moldam o desenvolvimento sustentável:

> [Os Estados possuem] responsabilidade coletiva de fazer avançar e fortalecer os pilares interdependentes e mutuamente apoiados do desenvolvimento sustentável – **desenvolvimento econômico, desenvolvimento social e proteção ambiental** – nos âmbitos local, nacional, regional e global. (destaque do autor)

Eis que não se pode restringir o desenvolvimento sustentável ao enfoque ambiental. O escopo deve prever o devido balanceamento entre o zelo com o meio ambiente, as aspirações individuais e o bem-estar social e a álea econômica, sendo esta entendida como basilar às dinâmicas sociais e ambientais. A Figura 9 ilustra o paradigma da sustentabilidade, representando seus três componentes principais e suas inter-relações.

---

3 Documento produzido na Cúpula Mundial sobre Desenvolvimento Sustentável, África do Sul, 2002.

Figura 9. Os pilares do desenvolvimento sustentável e suas inter-relações.

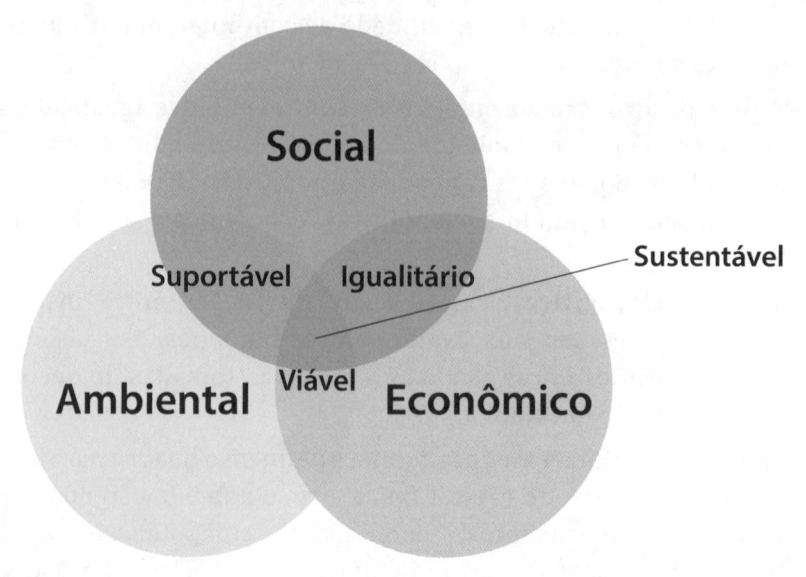

Fonte: Baseado em relatório da International Union for the Conservation of Nature (ADAMS, 2006).

Com esteio nas inter-relações constantes da Figura 9, depreende-se que o desenvolvimento que atende tão somente aos quesitos social e econômico pode se evidenciar igualitário ou equitativo, mas não será ambientalmente suportável em longo prazo. Já o desenvolvimento que contempla apenas os aspectos social e ambiental pode ser dito suportável em longo prazo, mas pode não ser viável, por esbarrar no motriz de suporte econômico. Por fim, o desenvolvimento alicerçado nos aspectos ambiental e econômico, a despeito de ser viável (por empregar satisfatoriamente os investimentos ao passo que resguarda os ecossistemas), não é tido por sustentável por negligenciar a esfera sociopolítica.

Destarte, o desenvolvimento é tido por sustentável quando age em prol da melhora da qualidade de vida das pessoas inseridas em determinada comunidade, garantindo-se um fluxo satisfatório de capital nos diversos segmentos da sociedade e resguardando-se os recursos naturais para uso permanente. Nesse bojo, analisam Theis e Tomkin (2012), as vertentes podem ser físicas – através do suprimento satisfatório de bens e serviços aos indivíduos; em termos de aspirações – disponibilizando-se acesso à educação, sistemas de justiça e assistência à saúde; e estrategicamente, salvaguardando os interesses das gerações vindouras. Eis que sustentabilidade, conforme salientam aqueles autores, é bandeira de uma série de movimentos sociais que ocorreram ao longo da história, tais como direitos humanos, igualdade racial, equidade de gênero, relações de trabalho, dentre outros.

O que se almeja frisar, neste ponto, é que **pensar o desenvolvimento sustentável como o zelo único com o ambiente é um equívoco**. Não obstante, o que se observa é que, consoante avaliam Meehan e Bryde (2011), a maior parcela das iniciativas de compras públicas ditas sustentáveis fragmentam o tripé da sustentabilidade, frisando-se aspectos ambientais sem aliá-los a critérios sociais e ao desenvolvimento econômico.

A busca pelo desenvolvimento sustentável, nas últimas décadas, passou a fazer parte da agenda de políticas públicas do Estado. Trata-se da Agenda Ambiental na Administração Pública (A3P), definida como um programa que visa a promover a responsabilidade socioambiental e inserir critérios de sustentabilidade nas atividades da Administração Pública. O principal aliado na execução dessa política é o **poder de compra**, definido por Stroppa (2009, p. 16) como a "prerrogativa que tem o consumidor de definir suas exigências e necessidades, tornando-se um indutor de qualidade, produtividade e inovação tecnológica". Ademais, ainda segundo aquele autor, "sendo o Estado um grande comprador, ele poderia usar deste 'poder' para fomentar o desenvolvimento socioambiental'.

Nesta visão, o objetivo das compras públicas transcende o mero suprimento célere, econômico e com qualidade. Passa a ser instrumento de política pública, de modo que o uso adequado dos recursos "pode significar, direta ou indiretamente, maior ganho social e ambiental, quer seja devido à possibilidade de geração de novos empregos, ao uso racional dos recursos naturais ou à melhoria da qualidade de vida da população" (MACHADO, 2002, p. 67).

No que concerne aos marcos legais que consubstanciam a aludida política pública, valendo-se das licitações como artifício de fomento à sustentabilidade, impende salientar o inc. XII do art. 6º da Lei nº 12.187/2009, que institui a Política Nacional sobre Mudança no Clima, e dá outras providências:

> Art. 6º São instrumentos da Política Nacional sobre Mudança do Clima:
>
> [...]
>
> XII – as medidas existentes, ou a serem criadas, que estimulem o desenvolvimento de processos e tecnologias, que contribuam para a redução de emissões e remoções de gases de efeito estufa, bem como para a adaptação, dentre as quais **o estabelecimento de critérios de preferência nas licitações e concorrências públicas, compreendidas aí as parcerias público-privadas e a autorização, permissão, outorga e concessão para exploração de serviços públicos e recursos naturais,**

> para as propostas que propiciem maior economia de energia, água e outros recursos naturais e redução da emissão de gases de efeito estufa e de resíduos; (destaque do autor)

Traz-se à baila, por conseguinte, o conceito de **licitações sustentáveis** (usualmente denominadas compras públicas sustentáveis), da seguinte maneira apresentado em definição recorrente na literatura especializada:

> Contratação Pública Sustentável é o processo por meio do qual as organizações [públicas] satisfazem às suas necessidades por produtos e serviços de forma que se atinja o "valor do dinheiro" em termos de geração de benefícios não apenas para a organização licitante, mas também, para a sociedade e a economia, ao mesmo tempo em que se minimizam os danos ao meio ambiente (DEFRA, 2006, p. 10).

As dimensões econômica, social e ambiental, destarte, estão presentes nas licitações sustentáveis. No contexto nacional, refere-se à preferência, nas compras e contratações públicas, a produtos manufaturados e a serviços desenvolvidos no Brasil, de modo a fomentar a geração de emprego, a arrecadação de tributos e a manutenção da riqueza; a privilegiar micro e pequenas empresas, como maneira de garantir o desenvolvimento deste segmento economicamente frágil da sociedade, e a procurar objetos e práticas de tratamento de resíduos que causem o mínimo de danos ao ambiente.

7.3. REGULAMENTAÇÕES E PRÁTICAS DE GESTÃO EM PROL DO DESENVOLVIMENTO SUSTENTÁVEL MEDIANTE AS COMPRAS PÚBLICAS

No que tange às compras públicas sustentáveis, como vimos, o art. 3º da Lei nº 8.666/93 passou, em 2010, a prever a promoção do desenvolvimento nacional sustentável como objetivo geral das licitações. Fato é que o **desenvolvimento nacional** já era insculpido na Constituição Federal de 1988 como objetivo fundamental do Brasil:

> Art. 3º Constituem objetivos fundamentais da República Federativa do Brasil:
>
> [...]
>
> II – garantir o **desenvolvimento nacional**; (destaque do autor)

A inovação trazida pela nova redação do art. 3º da Lei nº 8.666/93 refere-se à associação da **sustentabilidade** ao desenvolvimento nacional. Nesse sentido, o mesmo art. 3º da Lei de Licitações e Contratos passou a conferir vantagens, em licitações, a produtos que trouxessem benefícios econômicos e sociais ao País, em especial mediante as redações dos §§ 5º a 10 do mesmo artigo:

> § 5º Nos processos de licitação previstos no *caput*, poderá ser estabelecido **margem de preferência para produtos manufaturados e para serviços nacionais que atendam a normas técnicas brasileiras**.
>
> § 6º A margem de preferência de que trata o § 5º será estabelecida com base em estudos revistos periodicamente, em prazo não superior a 5 (cinco) anos, que levem em consideração:
>
> I – **geração de emprego e renda**;
>
> II – **efeito na arrecadação de tributos federais, estaduais e municipais**;
>
> III – **desenvolvimento e inovação tecnológica realizados no País**;
>
> IV – custo adicional dos produtos e serviços; e
>
> V – em suas revisões, análise retrospectiva de resultados.
>
> § 7º Para os produtos manufaturados e serviços nacionais resultantes de desenvolvimento e inovação tecnológica realizados no País, poderá ser estabelecido margem de preferência adicional àquela prevista no § 5º.
>
> [...]
>
> § 9º As disposições contidas nos §§ 5º e 7º deste artigo não se aplicam aos bens e aos serviços cuja capacidade de produção ou prestação no País seja inferior:
>
> I – à quantidade a ser adquirida ou contratada; ou
>
> II – ao quantitativo fixado com fundamento no § 7º do art. 23 desta Lei, quando for o caso.
>
> § 10. A margem de preferência a que se refere o § 5º poderá ser estendida, total ou parcialmente, aos bens e serviços originários dos Estados Partes do Mercado Comum do Sul – Mercosul. (destaques deste autor)

O Decreto nº 7.746, de 5 de junho de 2012, regulamenta o art. 3º da Lei de Licitações e Contratos. Estabelece, de forma específica, **critérios**, **práticas** e **diretrizes** para a promoção do desenvolvimento nacional sustentável nas contratações realizadas pela Administração Pública Federal. Seu art. 4º – quiçá o conteúdo mais relevante do normativo – arrola as **diretrizes de sustentabilidade**, a saber:

> Art. 4º São **diretrizes de sustentabilidade**, entre outras:
>
> I – menor impacto sobre recursos naturais como flora, fauna, ar, solo e água;
>
> II – preferência para materiais, tecnologias e matérias-primas de origem local;
>
> III – maior eficiência na utilização de recursos naturais como água e energia;
>
> IV – maior geração de empregos, preferencialmente com mão de obra local;
>
> V – maior vida útil e menor custo de manutenção do bem e da obra;
>
> VI – uso de inovações que reduzam a pressão sobre recursos naturais; e
>
> VII – origem ambientalmente regular dos recursos naturais utilizados nos bens, serviços e obras. (destaque deste autor)

À luz do consignado dispositivo, a seguir identificam-se três práticas de gestão que se coadunam com as diretrizes de sustentabilidade. São elas:

(i) tratamento diferenciado a micro e pequenas empresas;

(ii) guias práticos de licitações sustentáveis (enfoque ambiental);

(iii) exigência de processos de logística reversa, em instrumentos convocatórios.

As subseções seguintes são dedicadas à descrição e à análise dessas práticas.

7.3.1. O tratamento diferenciado às micro e pequenas empresas

A Lei Complementar nº 147, de 7 de agosto de 2014, ao alterar dispositivos da Lei Complementar nº 123/2006[4], acarretou uma severa mudança na dinâmica das compras públicas. Houve uma significativa acentuação do tratamento diferenciado conferido às micro e pequenas empresas (MEs e EPPs).

Trata-se, assim, de medidas que visam a promover o desenvolvimento econômico e social, alcançando dois dos tripés da sustentabilidade, consoante estatuído pelo art. 47 da Lei Geral da Micro e Pequena Empresa:

---
4 Usualmente denominada Lei Geral da Micro e Pequena Empresa.

> Art. 47. Nas contratações públicas da administração direta e indireta, autárquica e fundacional, federal, estadual e municipal, deverá ser concedido tratamento diferenciado e simplificado para as microempresas e empresas de pequeno porte **objetivando a promoção do desenvolvimento econômico e social no âmbito municipal e regional, a ampliação da eficiência das políticas públicas e o incentivo à inovação tecnológica**. (destaque deste autor)

As principais alterações, no que tange às aquisições governamentais, constam do art. 48 da Lei em tela:

> Art. 48. Para o cumprimento do disposto no art. 47 desta Lei Complementar, a administração pública:
>
> I – deverá realizar processo licitatório destinado exclusivamente à participação de microempresas e empresas de pequeno porte nos itens de contratação cujo valor seja de até R$ 80.000,00 (oitenta mil reais);
>
> II – poderá, em relação aos processos licitatórios destinados à aquisição de obras e serviços, exigir dos licitantes a subcontratação de microempresa ou empresa de pequeno porte;
>
> III – deverá estabelecer, em certames para aquisição de bens de natureza divisível, cota de até 25% (vinte e cinco por cento) do objeto para a contratação de microempresas e empresas de pequeno porte.

A nova redação do inc. I do art. 48 da norma exige que as licitações **cujos itens** não ultrapassem o valor de R$ 80.000,00 sejam restritas a micro e pequenas empresas. Assim, na hipótese de um certame para aquisição de 10 itens, cujos montantes estimados totais, por item, sejam de R$ 70.000,00 – somando-se um valor global estimado na licitação de R$ 700.000,00 – será exclusiva para ME e EPP.

Já com fulcro no inciso III do mesmo artigo, no caso de uma licitação de cabo elétrico, por exemplo, entendido como bem de natureza divisível[5], some o valor estimado de R$ 100.000,00 para este item, dever-se-á reservar uma cota de até 25% do objeto para disputa exclusiva de micro e pequenas empresas. Frisa-se que a cota restante – de no mínimo 75% – será de ampla competição, podendo da mesma forma participar da disputa MEs e EPPs.

---
5 Conceitua-se bem divisível como o item de material passível de fornecimento por pessoas jurídicas distintas, sem que haja incompatibilidade tecnológica no desmembramento ou prejuízo ao conjunto do objeto.

O art. 49 da Lei Complementar nº 123/2006 traz três hipóteses nas quais restaria afastado o tratamento diferenciado às micro e pequenas empresas:

> Art. 49. Não se aplica o disposto nos arts. 47 e 48 desta Lei Complementar quando:
>
> I – (Revogado);
>
> II – não houver um mínimo de 3 (três) fornecedores competitivos enquadrados como microempresas ou empresas de pequeno porte sediados local ou regionalmente e capazes de cumprir as exigências estabelecidas no instrumento convocatório;
>
> III – o tratamento diferenciado e simplificado para as microempresas e empresas de pequeno porte não for vantajoso para a administração pública ou representar prejuízo ao conjunto ou complexo do objeto a ser contratado;
>
> IV – a licitação for dispensável ou inexigível, nos termos dos arts. 24 e 25 da Lei nº 8.666, de 21 de junho de 1993, excetuando-se as dispensas tratadas pelos incisos I e II do art. 24 da mesma Lei, nas quais a compra deverá ser feita preferencialmente de microempresas e empresas de pequeno porte, aplicando-se o disposto no inciso I do art. 48.

O afastamento do tratamento diferenciado às micro e pequenas empresas deve ser devidamente motivado na fase interna do procedimento licitatório. O inc. II do art. 49 será analisado na próxima seção, ao se discorrer sobre aspectos de disponibilidade de mercado. O inciso III, por sua vez, alude a situações nas quais há prejuízo ou mera impossibilidade lógica de se segmentar o objeto entre possíveis fornecedores distintos. É o caso, por exemplo, de objeto que deva ser padronizado, como o fornecimento de mobiliário. A contratação de pessoas jurídicas distintas para o fornecimento fragiliza, nesse caso, o princípio da padronização.

Por derradeiro, o inc. IV do art. 49 aborda as compras diretas, às quais incide preferencialmente o tratamento diferenciado às MEs e EPPs apenas às denominadas dispensas por valor (incs. I e II do art. 24 da Lei de Licitações e Contratos). Na eventualidade de se efetuar a contratação por dispensa de licitação, com esteio nesses incisos, de empresa que não se enquadre na situação de micro ou pequena empresa, deve-se motivar a decisão no processo.

7.3.2. Guias práticos de licitações sustentáveis, com foco ambiental

Um dos principais problemas na implementação das licitações sustentáveis refere-se à gestão de conhecimento sobre a sustentabilidade em si. Em um contexto legal repleto de normas esparsas e fragmentadas[6], em especial no que concerne aos critérios ambientais a serem observados nos objetos licitados, cabe aos próprios órgãos e entidades elaborar cartilhas ou documentos correlatos que mais bem se adequem às suas realidades, provendo um repositório de fácil uso e consulta acerca das exigências inerentes aos produtos e serviços "verdes".

A Câmara dos Deputados, por exemplo, por meio de sua Portaria nº 227, de 16 de junho de 2014[7], dispõe sobre a adoção de critérios socioambientais na aquisição de bens, contratação, execução e fiscalização de serviços e obras por aquele órgão. Trata-se de normativo bastante sintético, não exaustivo, que traz orientações específicas por objeto (pilhas, baterias, lâmpadas, copos e xícaras, papel e produtos derivados etc.). Em que pese o mérito da norma, avalia-se que sua disposição em artigos (e não em um quadro ou tabela) mitiga o cunho didático e a usabilidade das informações nela dispostas.

Desvelando iniciativa de maior usabilidade, a Advocacia-Geral da União, por meio de sua Consultoria Jurídica da União no Estado de São Paulo, compilou um *Guia Prático de Licitações Sustentáveis*[8], com foco na proteção do meio ambiente, e que atualmente se encontra em sua terceira edição. Trata-se de documento contendo orientações, com viés jurídico, sobre os critérios a serem adotados e as práticas a serem exigidas da contratada, em função do objeto licitado. O Quadro 16 apresenta exemplo extraído desse Guia, alusivo a pneus:

---

6 Nesse bojo, citam-se o emaranhado de leis e decretos, as portarias do Inmetro, as instruções normativas do MMA e do Ibama e as resolução do Conama.

7 Disponível em: <http://www2.camara.leg.br/legin/int/portar/2014/portaria-227-16-junho-2014-778982-publicacaooriginal-144485-cd-dg.html>.

8 Disponível em: <http://www.agu.gov.br/page/content/detail/id_conteudo/138067>.

Quadro 16. Orientações providas pelo Guia Prático de Licitações Sustentáveis, da AGU

PNEUS			
Aquisição ou serviços que envolvam a utilização de pneus *Exemplo:* *Manutenção de veículos – Etc.*			
LEGISLAÇÃO	*PRINCIPAIS DETERMINAÇÕES*	*PROVIDÊNCIA A SER TOMADA*	*PRECAUÇÕES*
Lei nº 12.305/2010 – Política Nacional de Resíduos Sólidos Resolução Conama nº 416, de 30/09/2009 Instrução Normativa Ibama n° 01, de 18/03/2010	• Os fabricantes e importadores de pneus novos devem coletar e dar destinação adequada aos pneus inservíveis existentes no território nacional, nos termos da Instrução Normativa Ibama nº 01, de 18/03/2010, recebendo e armazenando os produtos entregues pelos usuários através de pontos de coleta e centrais de armazenamento. • Ao realizar a troca de um pneu usado por um novo ou reformado, o estabelecimento de comercialização de pneus também é obrigado a receber e armazenar o produto usado entregue pelo consumidor, sem ônus.	*EM QUALQUER CASO:* *1) Inserir no TERMO DE REFERÊNCIA e na MINUTA DE CONTRATO – item de obrigações da contratada:* "A contratada deverá providenciar o recolhimento e o adequado descarte dos pneus usados ou inservíveis originários da contratação, recolhendo-os aos pontos de coleta ou centrais de armazenamento mantidos pelo respectivo fabricante ou importador, ou entregando-os ao estabelecimento que houver realizado a troca do pneu usado por um novo, para fins de sua destinação final ambientalmente adequada, nos termos da Instrução Normativa Ibama nº 01, de 18/03/2010, conforme art. 33, inc. III, da Lei nº 12.305, de 2010 – Política Nacional de Resíduos Sólidos, arts. 1º e 9º da Resolução Conama nº 416, de 30/09/2009, e legislação correlata."	Lembramos que o fabricante e o comerciante de pneus também devem estar registrados no Cadastro Técnico Federal de Atividades Potencialmente Poluidoras ou Utilizadoras de Recursos Ambientais, de sorte que as disposições específicas deste Guia Prático sobre CTF também devem ser seguidas.

Fonte: BRASIL, 2013.

7.3.3. Exigência de processos de logística reversa

Em termos de orientação do fluxo de materiais em uma cadeia (ou rede) de suprimento, há três classificações possíveis:
- cadeia de suprimentos direta;
- **cadeia de suprimentos reversa**;
- cadeia de suprimentos de ciclo fechado.

A **cadeia de suprimentos direta** é a que focaliza o movimento e o gerenciamento de materiais, recursos financeiros e informação desde as matérias-primas até a venda e a entrega ao consumidor final.

A **cadeia de suprimentos reversa** é a que apresenta sentido oposto à cadeia direta. Seu foco é o movimento e o gerenciamento de materiais, recursos financeiros e informações após a venda e a entrega ao consumidor final. Trata, assim, precipuamente, da chamada **logística reversa**, assim definida por Rogers e Tibben-Lembke (1999, p. 2):

> [Logística reversa é] o processo de planejamento, implementação e controle da eficiência e custo efetivo do fluxo de matérias-primas, estoques em processo, produtos acabados e as informações correspondentes **do ponto de consumo para o ponto de origem** com o propósito de recapturar o valor ou destinar à apropriada disposição. (destaque deste autor)

Aspectos como reciclagem e reaproveitamento de materiais, logicamente, são intrínsecos à logística reversa.

Quando uma cadeia de suprimentos agrega, ao mesmo tempo, os modelos direto e reverso, dizemos que a **rede de suprimentos é de ciclo fechado, ou *closed-loop suply chain*.**

A cadeia de suprimentos de ciclo fechado contém todo o ciclo de vida de um produto, contemplando não só a produção e o fornecimento ao cliente final, mas também sua coleta pós-uso, seu tratamento e sua reinserção no processo produtivo.

Sensibilizado à temática da logística reversa, o governo passou a prever em normativos exigências que bem estruturem tal prática, salientando-se a Lei nº 12.305/2010, que institui a Política Nacional de Resíduos Sólidos.

No escopo das compras públicas, arrolam-se, a seguir, as principais previsões a constarem de instrumentos convocatórios que bem se harmonizam com os preceitos da logística reversa:
- exigência de indicação, por parte do licitante, de endereço de coleta de pilhas e baterias usadas, bem como de procedimentos de logística reversa para pneus, óleos lubrificantes (incluindo seus resíduos e

embalagens) e demais produtos que geram resíduos perigosos (tais como agrotóxicos);

- exigência de que fabricantes ou importadores de pilhas e baterias estejam inscritos no Cadastro Técnico Federal de Atividades Potencialmente Poluidoras e Utilizadoras de Recursos Ambientais (CTF);
- apresentação, nos contratos de concessão administrativa de uso de espaços, plano de manejo de resíduos;
- recolhimento, separação, acondicionamento, transporte, armazenamento e destinação de resíduos decorrentes de serviços de limpeza e conservação;
- recolhimento e destinação a lâmpadas fluorescentes, de vapor de sódio e mercúrio e de luz mista;
- recolhimento e descarte de lixo tecnológico, entendido como produtos ou componentes eletroeletrônicos em desuso e sujeitos à disposição final.

7.4. ÓBICES NA IMPLEMENTAÇÃO DO PARADIGMA DAS LICITAÇÕES SUSTENTÁVEIS

Malgrado os avanços em termos de práticas de gestão, as licitações sustentáveis constituem um paradigma não completamente implementado no Brasil. Com tal assertiva, não se pretende minimizar os avanços obtidos nos últimos anos, conforme arrolados na seção anterior. Visa-se unicamente a aclarar as contradições entre a almejada sustentabilidade fomentada pelas compras públicas e a realidade dos órgãos e entidades brasileiros.

Teixeira (2013) identifica cinco grupos de fatores que agem como barreiras para as compras públicas sustentáveis, a saber: aspectos informativos, financeiros, de disponibilidade de mercado, organizacionais, e de legalidade dessa prática. Nas próximas subseções, veremos tais elementos com maiores detalhes.

7.4.1. Aspectos informativos

Trata-se do desconhecimento que impacta na dificuldade de os especificadores e os compradores públicos definirem o que são produtos ou serviços sustentáveis. Para Erdmenger (2003), se, por um lado, há uma ampla aceitação acerca da inserção de critérios de sustentabilidade nas compras públicas, por outro há dúvidas contundentes sobre como instruir o processo licitatório nesse sentido.

As resoluções e orientações correlatas que trazem normas de sustentabilidade são, usualmente, bastante fragmentadas e com informações difusas. Em contrapartida, os planos de logística sustentável recentemente elaborados, ou demais cartilhas ou documentos do gênero podem ser de grande auxílio para mitigar este óbice.

O que se necessita é de uma ferramenta prática capaz de resgatar e inserir critérios de sustentabilidade no objeto ou no termo de referência. Uma vez mais, a Tecnologia da Informação e da Comunicação (TIC) surge como aliada dessa tarefa, ao possibilitar a gestão célere e objetiva de uma base de dados de editais "sustentáveis", ou de informações de sustentabilidade associadas aos itens de material ou de serviço, em seus respectivos catálogos.

7.4.2. Aspectos legais e principiológicos

Refere-se à legalidade da inclusão de aspectos ambientais, sociais e econômicos nas compras públicas, de forma que não se contraponham, arbitrariamente, à ampla competitividade do certame.

A busca pelo desenvolvimento nacional sustentado deve harmonizar-se com o arcabouço principiológico que rege as licitações, do qual citam-se a vinculação ao instrumento convocatório, legalidade, julgamento objetivo, isonomia, impessoalidade e a própria ampla competitividade.

7.4.3. Aspectos organizacionais

Teixeira (2013), em esforço de revisão de literatura, destaca como aspectos organizacionais que podem servir de barreira às compras públicas sustentáveis a cultura do órgão ou entidade, o apoio político à prática e a estrutura do sistema de compras.

No que concerne à cultura, caso esta seja resistente à inovação, a adoção de novos processos inerentes às licitações sustentáveis pode servir de contraponto ao êxito da empreitada. Neste caso, deve-se promover o engajamento dos servidores, seja mediante a execução de um adequado plano de comunicação, seja via capacitação direta ou, ainda, através da elaboração de metas e de revisão de processos em conjunto com todos os envolvidos.

A carência de apoio político da cúpula do órgão ou entidade é fator crítico com grande probabilidade de frustrar a implementação das compras públicas sustentáveis. A falta de patrocínio em termos de estabelecimento de requisitos prioritários e obrigatórios de desenvolvimento sustentável, bem como de indicadores e de metas, enfraquece a legitimidade do processo de inovação.

Por fim, a centralização ou a descentralização das compras irão produzir efeitos distintos no que se considera o desenvolvimento sustentável. As compras descentralizadas reduzem o poder de compra do Estado, ao passo que as aquisições centralizadas concentram a distribuição financeira, promovendo menor desenvolvimento social e econômico local[9].

7.4.4. Aspectos financeiros e de disponibilidade de mercado

O âmago da funcionalidade das licitações como indutor do desenvolvimento sustentável reside, como vimos, no poder de compra do Estado, que atua como agente transformador das dinâmicas do mercado. De acordo com o Programa das Nações Unidas para o Meio Ambiente (Pnuma, 2011), ao alterar o seu padrão de compra, o Estado sinaliza que haverá demanda de longo prazo para determinado segmento de fornecedores, suscitando que empresas invistam em inovações – de processo, de produto ou organizacionais (formação de redes etc.), de forma a minimizarem seus custos.

No mesmo sentido, Jacoby Fernandes (2008) avalia o poder de compra estatal como capaz de potencializar a economia de determinada região, estimulando empresas locais a melhorar a qualidade de seus bens e serviços, incrementando a competitividade industrial e tecnológica. Ainda assim, cabe uma análise mais acurada de como, de fato, é exercido o aludido poder de compra, a fim de mitigar uma possível falácia acerca da homogeneidade do emprego deste construto.

Em termos de compras e contratações, a Administração Pública age de forma eminentemente descentralizada. A despeito das chamadas compras compartilhadas (ver Capítulo 6), ao considerarmos a realidade dos órgãos e entidades que compõem os três Poderes, nas esferas municipal, estatal, distrital e federal, insurge um sem-número de órgãos e entidades que atuam como compradores independentes – com orçamentos distintos.

Na ausência de um normativo com força de lei nos moldes de uma cartilha que exija a aquisição de objetos específicos que causem menores impactos ambientais, os órgãos e entidades ficam sujeitos ao disposto em seus planos de gestão de logística sustentável[10], quando houver. E, em que pese as orientações gerais que moldam a elaboração destes planos, seus conteúdos são customizados ao contexto de cada órgão ou entidade. Desse modo, o

---

9 Este problema foi apenas atenuado com a alteração da Lei Complementar nº 123/2006, abordada na seção anterior.

10 A elaboração e a implementação de Planos de Gestão de Logística Sustentável pela Administração Pública Federal direta, autárquica e fundacional, bem como pelas empresas estatais dependentes são preconizadas pelo art. 16 do Decreto nº 7.746/2012.

poder de compra do Estado é exercido de maneira fragmentada: nem todos os órgãos adquirem papel A4 reciclado, sabão em pó biodegradável ou pilhas recicláveis: as práticas diferem por comprador.

Há de se considerar, ainda, as limitações orçamentárias das unidades administrativas. A realidade hodierna é de os produtos ditos sustentáveis apresentarem custos superiores aos seus concorrentes "não sustentáveis". Nessa situação, estaria afastada a busca, pelo setor público, exclusivamente pela vantagem econômica das propostas. Justen Filho (2011) faz uma análise bastante objetiva desse cenário:

> Em outras palavras, passou a ser legislativamente previsto que a Administração Pública poderá ser constrangida a desembolsar valores superiores aos possíveis para aprovisionar-se dos bens e serviços necessários.
>
> Não se contraponha que a proposta mais satisfatória para a promoção do desenvolvimento nacional configura-se também como aquela economicamente mais vantajosa. Quando assim se passar, não há necessidade de qualquer outra consideração. Aliás, nem seria necessária a alteração da redação do art. 3º, a Lei nº 12.349 seria inútil e as presentes considerações destituídas de cabimento. Mas assim não se passa.

Uma resma de papel reciclado tem o valor aproximadamente 30% superior à resma de papel sulfite branco, por exemplo. Logicamente, caso todo o setor público brasileiro passasse a adquirir, mandatoriamente, papel reciclado, preferencialmente mediante compras compartilhadas, o mercado iria se adaptar à procura, minimizando o preço praticado. Mas isso é um fenômeno a ocorrer em longo prazo. E a execução financeira para fins de suprimento dá-se no prazo imediato.

Em síntese, a pergunta a ser analisada é: **Como conciliar a restrição orçamentária do setor público – regra em tempos de crise econômica – com a orientação principiológica de se adquirir produtos "sustentáveis" – mais onerosos?** Há três respostas possíveis:

(i) na hipótese de restrição orçamentária severa, simplesmente não há conciliação: perpetua-se a aquisição de produtos não sustentáveis;

(ii) na hipótese de restrição moderada, poder-se-ia passar a adquirir alguns produtos sustentáveis, controlando-se o impacto econômico na execução financeira do órgão público;

(iii) independentemente do nível de restrição orçamentária, poder-se-iam estabelecer diretrizes para que a compra de produtos sustentáveis seja obrigatória (e não meramente preferencial).

A linha de ação apresentada em (iii) coloca em primeiro lugar a política pública de desenvolvimento sustentável. Conjetura-se que seria a opção mais efetiva para a derradeira implementação do paradigma da sustentabilidade nas compras governamentais. Contudo, seu radicalismo oferece riscos à disponibilização de recursos para as atividades do setor público. Será que o suprimento em 30% a menos de papel A4 – mantendo-se o mesmo nível de gasto – é viável? Será que o valor unitário da pilha recarregável AA sendo 300% mais caro que o da convencional, mesmo se considerando a economia ao longo de sua vida útil, é suportável por um setor público que vive uma crise orçamentária?

Ao se analisarem tais questões, elucida-se, ao mesmo tempo, a razão precípua pela qual o paradigma das licitações sustentáveis ainda não foi plenamente implementado no Brasil. Segundo Justen Filho (2011), a busca pela eficiência econômica, em termos de menores preços contratados, pode ser inadequada a assegurar a realização dos fins indiretos buscados pelo governo. Dessa maneira, "é imperiosa a plena consciência da Administração Pública de que a realização de outras finalidades apresenta um custo econômico, a ser arcado pelos cofres públicos e pela nação".

Apresenta-se, assim, uma contradição paradigmática: a invocação à finalidade de se promover o desenvolvimento nacional sustentável não legitima práticas destituídas de eficiência econômica, bem como não pode conduzir à inviabilização do atendimento de outras necessidades, dotadas de igual relevância (JUSTEN FILHO, 2011). Consolida-se um ciclo que obstaculiza a plena adoção das licitações sustentáveis, conforme ilustrado na Figura 10.

Figura 10. Ciclo impeditivo da implementação das licitações sustentáveis

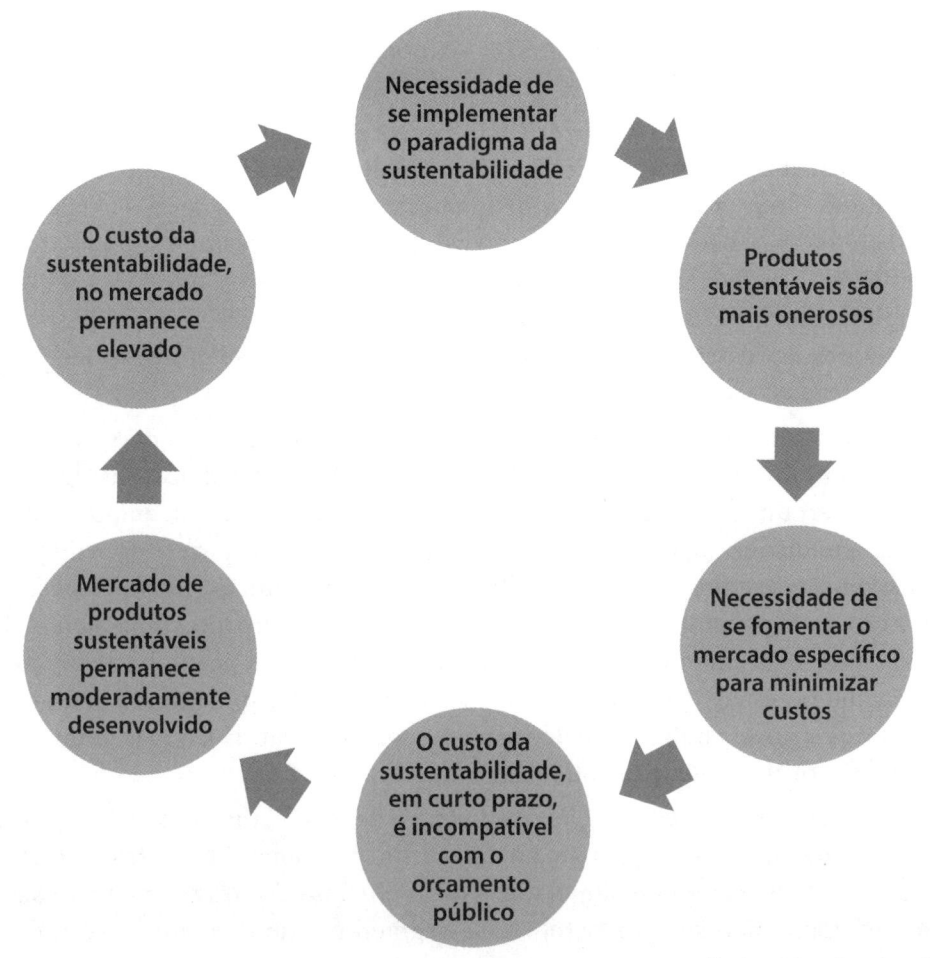

```
                    Necessidade de
                    se implementar
                    o paradigma da
                    sustentabilidade

  O custo da                                    Produtos
  sustentabilidade,                             sustentáveis são
  no mercado                                    mais onerosos
  permanece
  elevado

  Mercado de                                    Necessidade de
  produtos                                      se fomentar o
  sustentáveis                                  mercado específico
  permanece                                     para minimizar
  moderadamente                                 custos
  desenvolvido
                    O custo da
                    sustentabilidade,
                    em curto prazo,
                    é incompatível
                    com o
                    orçamento
                    público
```

Fonte: elaborado pelo autor.

O rompimento com esse ciclo – ainda que parcialmente – ocorre à medida que os produtos sustentáveis têm o seu custo minimizado. Tal efeito é passível de ser catalisado pelo poder de compra governamental, ampliado pelos seguintes fatores:

(i) por uma política normativa que torne compulsória a aquisição de bens ditos ecológicos;

(ii) por compras compartilhadas desses bens, de forma a incrementar a escala de contratação, e

(iii) pelo exercício desse poder de compra nos moldes descritos em (i) e (ii), exercido ao longo de determinado período, capaz de bem administrar a inércia de adaptação do mercado.

Sem tais medidas, permanecer-se-á estagnado no estágio atual: um patamar de eterna transição, com evoluções e involuções inconsistentes do mercado de produtos sustentáveis, cujos preços não se harmonizam com as limitações orçamentárias.

Por derradeiro, há de se trazer à baila que a atual baixa disponibilidade de produtos sustentáveis no mercado – haja vista ser este um segmento pouco fomentado – possa ferir a busca pela ampla competitividade nos certames. Ademais, quando o item licitado tiver o valor estimado inferior a R$ 80.000,00, a licitação é exclusiva para micro e pequenas empresas, por força da Lei Complementar nº 123/2006. Neste caso, o mercado de produtos verdes pode ser ainda mais restrito, o que aumenta a probabilidade de licitações desertas ou fracassadas.

A aludida lei, no inc. II de seu art. 49, traz a possibilidade de se afastar o tratamento diferenciado conferido às micro e pequenas empresas quando não houver um mínimo de três fornecedores competitivos enquadrados nessas condições sediados local ou regionalmente capazes de cumprir as exigências estabelecidas no instrumento convocatório. Em que pese a intenção do legislador, o fato é que tal limitação de mercado não é algo fácil de se comprovar. Como podemos garantir que, durante a pesquisa de preços, o mercado regional foi completamente vasculhado? Ou, ainda, como podemos afirmar que, após a publicação do instrumento convocatório, novas empresas sejam constituídas nessas condições?

De toda sorte, entende-se que, uma vez evidenciado, durante uma robusta pesquisa de mercado, que não há micro ou pequenas empresas que são capazes de fornecer o bem almejado, o mais eficiente é motivar, no processo, que o certame não será restrito a esse segmento, o que irá incrementar as chances de êxito na contratação.

CAPÍTULO 8

BOAS PRÁTICAS NA GESTÃO DE SANÇÕES ADMINISTRATIVAS RELATIVAS ÀS CONTRATAÇÕES PÚBLICAS

8.1. INTRODUÇÃO

Os processos inerentes às aquisições e às contratações públicas não chegam a termo com a assinatura do contrato, ou com a emissão da nota de empenho. De fato, o interesse do solicitante está na execução do objeto, e não na homologação do certame, com a subsequente formalização do instrumento contratual. Com esse foco, a liquidação da despesa – etapa que antecede a aprovação do pagamento – apresenta-se como rotina de realce, haja vista sua finalidade de verificar o correto cumprimento das obrigações pelo contratado, instruindo-se a aplicação de sanções em caso de óbices na execução do objeto.

A instrução de processos que cuidam de sanções administrativas ocupa lugar de destaque nas compras públicas por três motivos principais, sobre os quais se discorre a seguir:

(i) Recorrência de situações que ensejam sanções

O Portal da Transparência, mantido pela Controladoria-Geral da União, lista **mais de onze mil registros** de sanções aplicadas a pessoas físicas e jurídicas, das quais decorra como efeito restrição ao direito de participar em licitações ou de celebrar contratos com a Administração Pública[1]. As tipologias de sanções mais recorrentes, bem como seus percentuais com relação ao total[2], são representadas no Gráfico 1.

---
1 Não estão inseridas nesse quantitativo as sanções de advertência ou as multas, que, salvo melhor juízo, abrangem um universo bem mais amplo de apenados.
2 Total correspondente a 11.310 sanções, conforme consulta realizada em 24 nov. 2014, no sítio <http://www.portaltransparencia.gov.br/ceis/Consulta.seam>.

Gráfico 1. Distribuição de sanções com efeito restritivo à participação em licitações

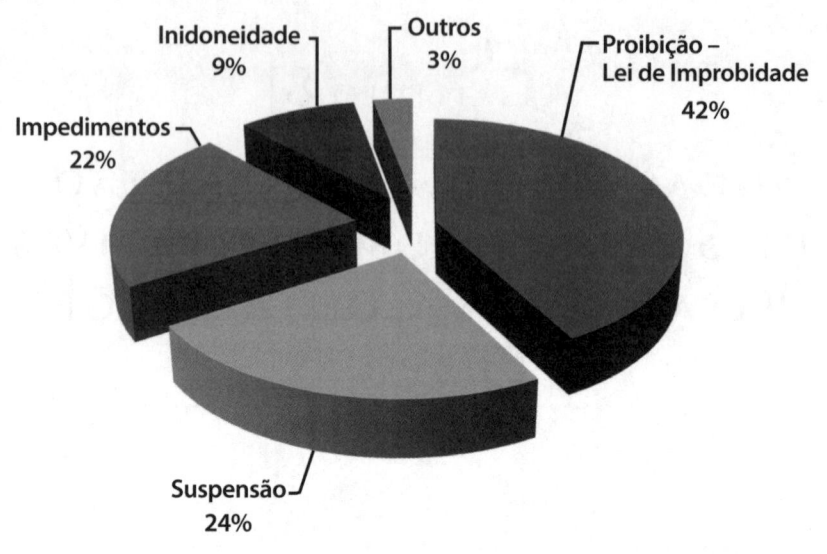

- Inidoneidade: 9%
- Outros: 3%
- Proibição – Lei de Improbidade: 42%
- Impedimentos: 22%
- Suspensão: 24%

Fonte: Portal da Transparência – Controladoria-Geral da União. Acesso em 24 nov. 2014.

Não se olvida que a realidade espelhada no Gráfico 1 reflete apenas um percentual diminuto das sanções aplicadas, haja vista que, salvo melhor juízo, as multas correspondem ao maior universo de penas imputadas[3].

(ii) complexidade da análise

A apreciação das situações passíveis de ensejar sanções administrativas em contextos de processos de aquisição/contratação pública é casuística, tomando contornos e formas distintas a depender da falha em pauta, bem como do contexto em que ocorreu. Tal fato demanda do agente público uma grande capacidade analítica, de forma a remeter uma ampla variedade de conjunturas às condutas ensejadoras de sanções, conforme previsão no arcabouço legal brasileiro.

(iii) impactos da sanção

A depender da sanção aplicada, o impacto no apenado pode ser significativo, chegando a comprometer a sobrevivência da empresa no mercado. A sanção, conforme o ordenamento jurídico vigente, pode estender-se de uma singela advertência até o impedimento de licitar e de contratar com a correspondente

---
3 Não há dados estatísticos relativos a multas, no Portal da Transparência mantido pela Controladoria-Geral da União.

esfera da Federação por até 5 (cinco) anos. Tal fato impinge notável responsabilidade ao gestor público, cuja atuação – por vezes discricionária, em especial no que concerne à determinação da dosimetria da sanção – deve pautar-se pelos princípios da razoabilidade e da proporcionalidade, não raramente associados a aspectos marcados pela subjetividade.

Em termos de finalidade da sanção administrativa, entende-se que pode ser de três tipos principais, a saber:

- **educativa / preventiva** → a penalidade reveste-se de caráter pedagógico, alertando o contratado sobre as eventuais consequências do descumprimento da avença firmada com o setor público. A sanção de advertência, salvo melhor juízo, possui significativo viés educativo;

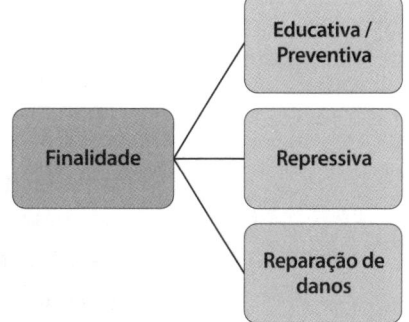

- **repressiva** → o caráter de repressão traduz-se na possibilidade de impedir ou suspender o contratado por tempo suficiente para que, no mínimo, nova licitação seja devidamente instruída, restando a Administração resguardada de uma eventual participação do inadimplente em novo certame para o mesmo objeto;

- **de reparação de danos** → o intuito é o ressarcimento, à Administração, de prejuízos gerados a partir do descumprimento contratual. É o caso, por exemplo, das multas compensatórias.

As penalidades administrativas, consoante entendimento doutrinário vigente, apresentam configuração similar às de natureza penal. Desta feita, é mister a observância dos princípios inerentes ao Direito Penal, destacando-se a legalidade, a culpabilidade e a proporcionalidade (JUSTEN FILHO, 2012; FORTINI; PEREIRA; CAMARÃO, 2008). Assim, não há de se falar em sanção administrativa caso não seja evidenciada a **reprovabilidade da conduta** do particular:

Haja vista o foco desta obra em práticas de gestão, atenção especial será dispensada na instrução de processos que cuidam de sanções administrativas no âmbito das contratações públicas. Anteriormente, contudo, veremos as peculiaridades dos tipos de sanções administrativas inerentes às licitações e contratos.

8.2. AS SANÇÕES ADMINISTRATIVAS NA LEGISLAÇÃO SOBRE LICITAÇÕES E CONTRATOS

A presente análise será restrita às sanções previstas nas Leis n°s 8.666/93 e 10.520/2002[4].

As sanções administrativas constantes da Lei de Licitações e Contratos constam de seus arts. 86 e 87:

> Art. 86. O atraso injustificado na execução do contrato sujeitará o contratado à **multa de mora**, na forma prevista no instrumento convocatório ou no contrato. [...]
>
> Art. 87. Pela inexecução total ou parcial do contrato a Administração poderá, garantida a prévia defesa, aplicar ao contratado as seguintes sanções:
>
> I – **advertência**;
>
> II – **multa**, na forma prevista no instrumento convocatório ou no contrato;
>
> III – **suspensão** temporária de participação em licitação e impedimento de contratar com a Administração, por prazo não superior a 2 (dois) anos;
>
> IV – **declaração de inidoneidade para licitar ou contratar com a Administração Pública** enquanto perdurarem os motivos determinantes da punição ou até que seja promovida a reabilitação perante a própria autoridade que aplicou a penalidade, que será concedida sempre que o contratado ressarcir a Administração pelos prejuízos resultantes e após decorrido o prazo da sanção aplicada com base no inciso anterior. (destaques deste autor)

Já o art. 7º da Lei nº 10.520/2002 traz a seguinte previsão, alusiva à modalidade pregão:

> Art. 7º Quem, convocado dentro do prazo de validade da sua proposta, não celebrar o contrato, deixar de entregar ou apresentar documentação falsa exigida para o certame, ensejar o retardamento da execução de seu objeto, não mantiver a proposta, falhar ou fraudar na execução do contrato, comportar-se de modo inidôneo ou cometer fraude fiscal, ficará **impedido de licitar e contratar com a União, Estados, Distrito Federal ou Municípios** e, será descredenciado no Sicaf, ou nos

---
[4] Associa-se a esta lei as sanções previstas no Decreto nº 5.450/2005.

sistemas de cadastramento de fornecedores a que se refere o inciso XIV do art. 4º desta Lei, pelo prazo de até 5 (cinco) anos, sem prejuízo das multas previstas em edital e no contrato e das demais cominações legais. (destaque deste autor)

Nossa abordagem ater-se-á às espécies de sanções destacadas anteriormente.

8.2.1. Advertência

Trata-se da sanção de menor gravidade, refletindo tão somente uma censura moral ao contratado. Deve ser aplicada nos casos de falhas contratuais menos significativas, com o intuito de alertar o particular. É o que prevê Justen Filho (2008, p. 821):

> [...] a advertência corresponde a uma sanção de menor gravidade. Supõe-se sua aplicação para condutas de inexecução parcial de deveres de diminuta monta. A advertência pode ser acumulada com a multa, mas não com as demais espécies sancionatórias.

Em termos práticos, é ainda capaz de embasar uma sanção mais severa subsequente, caso haja a perpetuação ou a reincidência na conduta viciada da empresa.

Na comunicação própria do processo administrativo que culmina em sanção de advertência, pode-se fazer constar, entre outros:

- prazo para sanar a situação indevida;
- aviso de que sanção mais severa será aplicada em caso de reincidência ou de perpetuação do descumprimento.

8.2.2. Multa

Trata-se de sanção pecuniária, podendo ser de natureza **moratória** (decorrente de atrasos injustificados na execução do objeto e/ou de obrigações acessórias) ou **compensatória** (decorrente de inadimplemento consolidado, sendo traduzida em um montante prefixado a título indenizatório).

Os dispositivos da Lei de Licitações e Contratos que se referem às aludidas naturezas de multas são os citados no Quadro 17.

Quadro 17. Tipos de multa previstas na Lei nº 8.666/93[5]

NATUREZA	DISPOSITIVO (Lei nº 8.666/93)
Moratória	Art. 86. O *atraso injustificado* na execução do contrato sujeitará o contratado à **multa de mora**, na forma prevista no instrumento convocatório ou no contrato.
Compensatória	Art. 87. Pela *inexecução total ou parcial do contrato* a Administração poderá, garantida a prévia defesa, aplicar ao contratado as seguintes sanções: [...] II – multa, na forma prevista no instrumento convocatório ou no contrato;

Fonte: elaborado pelo autor, com base na Lei nº 8.666/93.

Pertinente é o esclarecimento capitaneado pelo ilustre doutrinador Jessé Torres Pereira Junior, acerca da distinção própria à tipologia de multas em contratos administrativos:

> O que se conclui é que entre a multa prevista no art. 86 e aquela referida no art. 87 há diferença correlacionada com a distinção que a teoria geral das obrigações formula entre mora e inadimplemento absoluto. Existe a primeira quando a obrigação, embora não cumprida, ainda pode vir a sê-lo proveitosamente para o credor; consuma-se o segundo quando a obrigação não foi cumprida, nem poderá mais vir a sê-lo com proveito para o credor, tornando-se definitivo o descumprimento.
>
> [...]
>
> A multa do art. 87 vincula-se à inexecução do contrato, ou seja, inadimplemento absoluto, que deixará sem execução, em definitivo, todo o objeto (a prestação a cargo do devedor) ou parte dele. Tal multa não é moratória. É penal, daí acrescer-se a sanção mais severa se houver elementos subjetivos que agravem a conduta do contratado. (PEREIRA FILHO, 2002, p. 783-784)

A multa pode ser aplicada em conjunto com as demais sanções administrativas, conforme dispõe o art. 87, § 2º, da Lei nº 8.666/93:

> Art. 87. [...]
>
> § 2º As sanções previstas nos incisos I, III e IV[6] deste artigo poderão ser aplicadas juntamente com a do inciso II, facultada a defesa prévia do interessado, no respectivo processo, no prazo de 5 (cinco) dias úteis.

---
5 Há também a previsão de multa no art. 7º da Lei nº 10.520/2002.

6 Trata-se de advertência, suspensão temporária de participação em licitação e impedimento de contratar com a Administração e declaração de inidoneidade, respectivamente.

Ressalta-se que **os valores das multas devem ser explícitos nas avenças**, consubstanciando, por força do inc. VII do art. 55 da Lei de Licitações e Contratos, cláusula necessária dos contratos administrativos. Destarte, **vedada está a aplicação de multas cujos montantes não sejam previstos no ajuste com a Administração**. Tal fato impinge a necessidade de, usualmente, apensar-se ao instrumento convocatório uma tabela de multas,

Ademais, não constitui boa prática a previsão, no instrumento convocatório, de valores incertos, em técnica redacional assim exemplificada:

> *"Multa de **até** 0,2% do valor integral do contrato, por ocorrência."*

Tal previsão enseja situação de incerteza ao contratado e traz consigo um grau de subjetividade indesejada na aplicação da sanção em comento.

Desafio proeminente à Administração refere-se à observância das devidas proporcionalidade e razoabilidade na determinação dos índices de multas. Nesse contexto, entende-se que **a multa deve ser calculada, salvo exceções identificadas casuisticamente, com base na parcela do objeto afetada pelo descumprimento, de sorte a evitar a desproporcionalidade do valor cobrado frente à falta cometida**. Arrolam-se, a seguir exemplos usuais de previsões em instrumentos convocatórios, que culminam em multas de montantes desproporcionais:

- multas de mora por atrasos na prestação da garantia contratual, com percentuais incidentes sobre o valor integral da avença (ao invés do valor da própria garantia). Nessa hipótese, a multa pode chegar a ultrapassar o próprio valor da garantia;
- multas por atraso no pagamento de obrigações acessórias em contratos de prestação de serviço de mão de obra terceirizada (tal como vale--transporte ou vale-alimentação), com índices atrelados à parcela mensal integral a ser paga pela Administração. Nesse caso, a multa não raramente vai além do montante acessório inadimplido.

Outrossim, em termos de **cobrança das multas**, a regra insculpida no § 2º do art. 86 da Lei nº 8.666/93 exige que a primeira opção seja a execução da garantia:

> Art. 86. [...]
> § 2º A multa, aplicada após regular processo administrativo, **será descontada da garantia do respectivo contratado**. (destaque deste autor)

Não obstante, há casos nos quais o valor da multa ultrapassa o montante da garantia contratual. Ou, ainda, não há sequer garantia de que tenha sido prestada pelo particular. Nessas hipóteses, a opção que se segue é a glosa (= desconto dos pagamentos devidos pela Administração). É o que prevê o § 3º do citado artigo:

> Art. 86. [...]
>
> § 3º Se a multa for de valor superior ao valor da garantia prestada, além da perda desta, responderá o contratado pela sua diferença, **a qual será descontada dos pagamentos eventualmente devidos pela Administração** ou ainda, quando for o caso, cobrada judicialmente. (destaque deste autor)

Quando não houver valor a ser glosado (ou quando o valor disponível para a glosa for insuficiente), segue-se a cobrança administrativa e, caso não seja exitosa, a judicial. A sequência de opções para as cobranças das multas é representada na Figura 11.

Figura 11. Sequência de opções para a cobrança do valor da multa

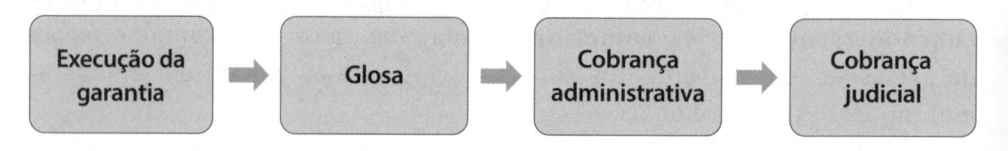

Execução da garantia → Glosa → Cobrança administrativa → Cobrança judicial

Fonte: elaborado pelo autor.

8.2.3. Suspensão de participação em licitação e impedimento de contratar com a Administração

Trata-se de sanção administrativa prevista no inc. III do art. 87 da Lei de Licitações e Contratos, cujo interstício é limitado a 2 (dois) anos.

Cumpre ressaltar que a redação do citado dispositivo emprega o termo "Administração", ao delimitar o âmbito de aplicação da sanção. Nesses lindes, recorre-se ao conceito provido pela própria Lei de Licitações e Contratos:

> Art. 6º Para os fins desta Lei, considera-se:
>
> [...]
>
> XII – **Administração** – órgão, entidade ou unidade administrativa pela qual a Administração Pública opera e atua concretamente;

Destarte, a Corte de Contas tem pacificado sua jurisprudência no sentido que a sanção prevista no art. 87, inc. III, da Lei nº 8.666/93 **produz efeitos apenas em relação ao órgão ou entidade sancionador**[7] (Acórdão nº 2.242/2013 – Plenário TCU[8]). Tal delimitação deve ser explicitada no instrumento convocatório, sob o risco de ocorrer a suspensão cautelar do procedimento licitatório:

> As sanções de suspensão temporária de participação em licitação e impedimento de contratar com a Administração, previstas no art. 87, inciso III, da Lei nº 8.666/1993, alcançam apenas o órgão ou a entidade que as aplicaram. A falta de precisão em cláusula de edital de licitação, de tal modo que deixe de explicitar tal limite, justifica a suspensão cautelar do respectivo certame. (Comunicação de cautelar, TC 006.675/2013-1 TCU)

A aludida precisão na cláusula editalícia deve dar-se mediante a efetiva menção de que a sanção em pauta tem efeitos com o órgão que conduz a licitação. Não é suficiente, pois, que a redação seja semelhante à do texto legal (empregando-se o termo "Administração"), visto que pode suscitar dúvida aos licitantes:

> Representação sobre pregão eletrônico promovido pelo Ministério do Desenvolvimento Social e Combate à Fome (MDS) para contratação de empresa especializada em gestão da informação apontou suposta irregularidade em item do edital que, após alteração na sua redação original, estabelecera a vedação de participação na licitação de "pessoas jurídicas declaradas suspensas de participar de licitações e impedidas de contratar com a Administração, de acordo com a legislação vigente". [...] o relator [...] registrou que **"mesmo com a nova redação, muito embora esta seja semelhante ao texto legal, ainda há margem para interpretações variadas"**. Nesse sentido, propôs recomendação ao MDS para que, nos próximos editais, **faça constar "expressa referência ao Ministério do Desenvolvimento Social e Combate à Fome, ao invés do vocábulo 'Administração'**. Tal recomendação tem o intuito de dar a interpretação adequada ao dispositivo legal, bem como informar ao licitante o alcance da sanção em questão". (Acórdão 2.556/2013-Plenário TCU). (destaques deste autor)

---

[7] Tal entendimento deu-se, pelo TCU, a partir de 2012, reforçando-se o posicionamento adotado antes de 2010. Entre 2011 e meados de 2012, a Corte de Contas demonstrou certa instabilidade jurisprudencial, passando a prover interpretação ampliativa à sanção, entendendo que seus efeitos se aplicavam a toda esfera pública.

[8] No mesmo sentido, tem-se a Comunicação de Cautelar TC 046.782/2012-5; Acórdão nº 3.439/2012 - Plenário; Acórdão nº 3.243/2012 – Plenário, entre outros).

Há de se consignar, ainda, que, haja vista a sanção em tela produzir efeitos apenas entre o órgão/entidade sancionador e a contratada, uma autarquia ou fundação pública não sofreria os efeitos de uma suspensão imposta pelo órgão as que estão vinculadas.

O mesmo entendimento é o adotado no âmbito da Controladoria-Geral da União/Advocacia-Geral da União (CGU/AGU), sendo a questão pacificada mediante o Parecer nº 02/2013/GT/Portaria nº 11, de 10 de agosto de 2012, aprovado por expediente do Consultor-Geral da União em 2013. Na análise diligenciada por aqueles órgãos, um argumento suscitado referiu-se ao fato de o art. 97 da Lei nº 8.666/93 considerar como crime admitir a licitação ou celebrar contrato com empresa ou profissional tão somente declarado inidôneo – e não o declarado suspenso nos termos do inc. III do art. 87 da norma. Por conseguinte, evidencia-se o tratamento mais rigoroso dispensado à declaração de inidoneidade, conferindo ao apenamento da suspensão efeitos mais brandos.

Não menos importante, cumpre registrar que o Superior Tribunal de Justiça (STJ) vem adotando posicionamento divergente do Tribunal de Contas da União, no que tange à interpretação do alcance da sanção em estudo. Para aquele Tribunal, deve-se conferir ampliação do alcance da suspensão prevista no inc. III do art. 87 da Lei de Licitações e Contratos, não se diferenciando, na prática, os termos "Administração" e "Administração Pública" – este último constante da redação do inciso IV do mesmo dispositivo, alusivo à declaração de inidoneidade. Tal é o exarado no seguinte julgado, que guarda posicionamento ainda atual do STJ:

> *EMENTA: ADMINISTRATIVO. MANDADO DE SEGURANÇA. LICITAÇÃO. SUSPENSÃO TEMPORÁRIA. DISTINÇÃO ENTRE ADMINISTRAÇÃO E ADMINISTRAÇÃO PÚBLICA. INEXISTÊNCIA. IMPOSSIBILIDADE DE PARTICIPAÇÃO DE LICITAÇÃO PÚBLICA. LEGALIDADE. LEI 8.666/93, ART. 87, INC. III.*
>
> *– É irrelevante a distinção entre os termos Administração Pública e Administração, por isso que ambas as figuras (suspensão temporária de participar em licitação (inc. III) e declaração de inidoneidade (inc. IV) acarretam ao licitante a não participação em licitações e contratações futuras.*
>
> *– A Administração Pública é una, sendo descentralizadas as suas funções, para melhor atender ao bem comum.*
>
> *– A limitação dos efeitos da "suspensão de participação de licitação" não pode ficar restrita a um órgão do poder público, pois os efeitos do desvio de conduta que inabilita o sujeito para*

contratar com a Administração se estendem a qualquer órgão da Administração Pública.

– Recurso especial não conhecido (REsp 151.567/RJ – 2ª T., STJ. Rel. Min. Francisco Peçanha Martins. Publicação: DJ 14/04/2003, p. 208.)

De fato, há incoerências tanto no posicionamento do TCU quanto no do STJ.

O abrandamento dos efeitos da sanção de suspensão, no caso do entendimento da Corte de Contas, impinge situações incoerentes. Em uma situação hipotética, uma empresa que não entregue determinado objeto, no valor de R$ 78.000,00, em rito na modalidade convite, estará sujeita à pena menos gravosa do que a contratada que inexecutar avença no valor de R$ 10.000,00, na modalidade pregão (veremos as penalidades decorrentes de pregão mais adiante).

Já no caso do STJ, a incoerência dá-se em termos de nivelamento das sanções de suspensão e de declaração de inidoneidade, diferenciando-se suas aplicações apenas no que diz respeito ao prazo de vigência da pena, o que implica a mitigação da gradação original da norma legal. Tal intelecção, salvo melhor juízo, vai de encontro à intenção do legislador, insculpida na Lei de Licitações e Contratos, mormente se analisada à luz de seu art. 97.

8.2.4. Declaração de Inidoneidade

A declaração de inidoneidade, prevista no inc. IV do art. 87 da Lei nº 8.666/93, é a sanção mais severa preconizada naquela norma, a ser aplicada em casos de fraude advinda de conduta dolosa do licitante.

De forma distinta à sanção prevista no inciso III do mesmo dispositivo (suspensão), os efeitos da declaração de inidoneidade dão-se com a **"Administração Pública"**, cujo conceito é assim apresentado pela Lei de Licitações e Contratos:

> Art. 6º Para os fins desta Lei, considera-se:
>
> [...]
>
> XI – **Administração Pública** – a administração direta e indireta da União, dos Estados, do Distrito Federal e dos Municípios, abrangendo inclusive as entidades com personalidade jurídica de direito privado sob controle do poder público e das fundações por ele instituídas ou mantidas;

Assim, uma empresa declarada inidônea com fulcro na Lei de Licitações e Contratos estará impedida de licitar e de contratar com todos os órgãos e entidades públicas (Administração direta e indireta), em todas as esferas da Federação.

A competência para a aplicação dessa sanção é exclusiva de Ministro de Estado, Secretário Estadual, Municipal, ou autoridade de hierarquia análoga, em outros Poderes. Ademais, trata-se de **penalidade que não possui restrição temporal**, perdurando enquanto permanecerem os motivos pelo qual foi aplicada. A declaração de inidoneidade só pode ser revista após:

- a reabilitação do particular perante o órgão/entidade sancionador, mediante o ressarcimento pelos prejuízos sofridos pela Administração Pública ante sua conduta ilícita;
- haver decorrido no mínimo 2 (dois) anos da aplicação da sanção.

O Quadro 18 traz à baila, em esforço exemplificativo, condutas tipicamente inidôneas por parte de licitantes.

Quadro 18. Condutas inidôneas recorrentes em licitações e contratações públicas

Conduta	Descrição
Entrega de material falsificado à Administração	A entrega de material falsificado é mais recorrente nos itens para os quais há indicação de marca. Nesse caso, a contratada falsifica a marca do produto entregue, fato que é descoberto após diligências por parte da Administração.
Indícios coincidentes em licitações	"A existência de indícios vários e concordantes faz prova de fraude à licitação e conduz à declaração de inidoneidade das empresas que participaram do ato ilícito. Em processo de Auditoria, o Tribunal promoveu a oitiva de duas empresas acerca de evidências de participação em fraude praticada em pregão presencial, para o registro de preços, conduzido no âmbito da Prefeitura Municipal de Fortaleza [...]. Dentre os indícios de fraude ao certame, o relator destacou **os idênticos endereços de funcionamento de ambas as empresas e a apresentação de propostas de preços com valores unitários iguais para todos os itens cotados**. [...] Assim, diante da ocorrência de indícios vários e coincidentes, os quais, na visão do relator, fazem prova de fraude ao certame licitatório, votou por que fosse declarada a inidoneidade das empresas envolvidas, para impedi-las de participar de licitações federais por três anos, o que foi aprovado pelo Plenário". (Acórdão nº 1.107/2014 – Plenário TCU)

Conduta	Descrição
Conluio do tipo combinação de preços	Refere-se à situação na qual licitantes combinam previamente os preços a serem ofertados à Administração, em licitações.
Conluio do tipo "herança"	Trata-se de prática usualmente referida como "**coelho**". Dois licitantes agem em combinação em certame na modalidade pregão, sendo que um deles – o "coelho" – oferece preço significativamente reduzido (mas não inexequível), de sorte a garantir a primeira colocação. O outro licitante oferece preço superior, de modo a garantir a segunda colocação. Os demais licitantes, em decorrência do lance reduzido do primeiro colocado, desistem de ofertar lances subsequentes. Instado a apresentar os documentos, o primeiro colocado acaba por ser premeditadamente inabilitado, e o segundo "herda" a licitação.
Conluio do tipo auto-inabilitação	Após a fase de lances em um pregão, com os licitantes já identificados, o segundo colocado faz contato com o primeiro, e oferece algum tipo de vantagem (usualmente pecuniária) para que apresente documentação com algum tipo de vício. Com a inabilitação do primeiro colocado, a adjudicação passa para o que teve a iniciativa ilícita.
Falsa declaração para se enquadrar como ME ou EPP	"*A obtenção de tratamento favorável dispensado a empresas de pequeno porte ou a microempresas em licitação, **por meio de falsa declaração de faturamento anual inferior ao efetivamente auferido**, justifica a declaração de inidoneidade para participar de licitação da empresa que se beneficiou indevidamente*". (Acórdão nº 206/2013 – Plenário TCU)
Demais documentos falsos entregues à Administração	Refere-se a documentos de falso teor, entregues por licitantes à Administração para fins de habilitação. Usualmente, a falsidade recai sobre atestados de capacidade técnica.

Fonte: elaborado pelo autor.

Atinente, em especial, aos diversos tipos de conluio, é aplicável a sanção penal prevista no art. 90 da Lei de Licitações e Contratos:

> Art. 90. Frustrar ou fraudar, mediante ajuste, combinação ou qualquer outro expediente, o caráter competitivo do procedimento licitatório, com o intuito de obter, para si ou para outrem, vantagem decorrente da adjudicação do objeto da licitação:
>
> Pena – detenção, de 2 (dois) a 4 (quatro) anos, e multa.

Ante a significativa recorrência do conluio do tipo herança, na modalidade de licitação pregão, na próxima seção deste Capítulo será efetuada uma análise mais acurada sobre as possibilidades da Administração a fim de coibir essa prática.

Importa salientar, à luz do Acórdão nº 48/2014 – Plenário TCU, que a caracterização de fraude à licitação *não está associada ao seu resultado, ou seja, ao sucesso da empreitada*. É suficiente, conforme explana a Corte de Contas, a mera demonstração de o fraudador ter praticado simulação para conferir vantagem para si ou para outrem.

Outro aspecto de destaque foi considerado no escopo do Acórdão nº 2.958/2012 – Plenário TCU, segundo o qual *a declaração de inidoneidade de determinada empresa só pode ser estendida a outra de propriedade dos mesmos sócios* **quando restar demonstrada ter sido essa última constituída com o propósito deliberado de burlar a referida sanção**. De modo geral, nesses casos há o chamado **abuso da personalidade jurídica** da empresa sancionada, evidenciado mediante os seguintes fatores:

- identidade entre os sócios da empresa sancionada e da sucessora;
- atuação das duas empresas no mesmo ramo de atividade, e
- transferência da *expertise* e do acervo técnico para a empresa sucessora.

Em adição, impende registrar que os efeitos da declaração de inidoneidade não afetam, de imediato, os contratos celebrados em momento anterior à aplicação da penalidade. É o que se depreende do Acórdão nº 432/14 – Plenário TCU[9]:

> A sanção de declaração de inidoneidade, prevista no art. 46 da Lei nº 8.443/92, produz efeitos *ex nunc*, não afetando, automaticamente, contratos em andamento celebrados antes da aplicação da penalidade.
>
> Pedido de Reexame interposto por sociedade empresária requereu a reforma do acórdão que a declarou inidônea para participar de licitação na Administração Pública Federal por seis meses, por ter apresentado declaração inverídica de que atendia às condições para usufruir das vantagens previstas na Lei Complementar nº 123/2006, beneficiando-se indevidamente do tratamento diferenciado destinado a microempresas e empresas de pequeno porte. O relator não conheceu do Pedido de Reexame,

---

[9] Sendo a declaração de inidoneidade a mais gravosa das sanções administrativas previstas na Lei nº 8.666/93, bem como mais severa do que a sanção preconizada no art. 7º da Lei nº 10.520/2002, a jurisprudência entende que, por analogia, a sanção de suspensão (Lei de Licitações e Contratos) e de impedimento (Lei do Pregão) também produzem efeitos *ex nunc*.

em razão de sua intempestividade e da ausência de apresentação de fatos novos. Contudo, teceu considerações acerca do argumento da recorrente de que "*a administração pública poderá sofrer as consequências da sanção aplicada à empresa, 'uma vez que poderá haver interrupções no fornecimento de produtos e serviços', considerando que ela tem vários contratos administrativos em andamento*". Sobre a questão, destacou o relator que "***a jurisprudência do TCU é clara, com base em julgados do Supremo Tribunal Federal, de que a sanção de declaração de inidoneidade produz efeitos ex nunc, não afetando, automaticamente, contratos em andamento celebrados antes da aplicação da sanção*** *(Acórdãos 3.002/2010, 1.340/2011 e 1.782/2012, todos do Plenário)*". O Tribunal, ao acolher o voto do relator, decidiu não conhecer do Pedido de Reexame. *Acórdão 432/2014-Plenário, TC 028.979/2012-5, Rel. Min. Aroldo Cedraz, 26/2/2014.*

Não obstante, se, por um lado, a declaração de inidoneidade não implica a rescisão automática dos contratos em execução, por outro, nada impede que, em iniciativa específica, norteada por princípios tais como a moralidade, instrua-se processo administrativo específico que possa acarretar a rescisão. A única rescisão que se afigura como, de imediato, mandatória, é a do próprio contrato administrativo inadimplido e com relação ao qual fosse evidenciada a má-fé do particular.

Por derradeiro, a Lei de Licitações e Contratos, em suas cominações penais, prevê a pena de detenção, de 6 (seis) meses a 2 (dois) anos, além de multa, caso se admita à licitação ou celebre contrato com empresa o profissional declarado inidôneo. A mesma pena incide sobre o particular que tenha incorrido na sanção em análise, e venha a licitar ou a contratar com a Administração.

8.2.5. Impedimento de licitar e de contratar com a esfera federativa e descredenciamento no Sicaf ou sistemas semelhantes

Prevista no art. 7º da Lei nº 10.520/2002, a sanção de impedimento de licitar e de contratar com a esfera federativa do órgão sancionador, bem como o descredenciamento no Sicaf (ou sistema de cadastramento semelhante) por até cinco anos, é passível de aplicação no âmbito da modalidade pregão, quando o licitante/adjudicatário incorrer em pelo menos uma das seguintes condutas:

- não celebrar contrato, uma vez convocado dentro do prazo de validade de sua proposta;
- deixar de entregar ou apresentar documentação falsa, para fins de habilitação;

- ensejar o retardamento da execução do objeto da licitação;
- não mantiver a proposta apresentada no pregão;
- falhar ou fraudar na execução da avença;
- comportar-se de modo inidôneo; ou
- cometer fraude fiscal.

Do amplo espectro de condutas arroladas acima, bem como da generalidade de alguns dos termos empregados, infere-se que muito dificilmente um óbice causado por um adjudicatário/contratado, decorrente de um pregão, poderá passar ao largo de ser tipificado no artigo em comento. Salvo melhor juízo, as previsões de "falhar" ou "fraudar" na execução do contrato abrangem, *per se*, a parcela majoritária das situações que possam ensejar sanção.

Diferentemente da sanção preconizada no inc. III do art. 87 da Lei nº 8.666/93 (suspensão), a penalidade em análise produz efeitos em toda a esfera do ente federativo ao qual o órgão/entidade sancionador pertence. É que prevê o Acórdão nº 2.081/2014 TCU – Plenário:

> **A sanção de impedimento de licitar e contratar pautada no art. 7º da Lei nº 10.520/2002 (Lei do Pregão) produz efeitos não apenas no âmbito do órgão/entidade aplicador da penalidade, mas em toda a esfera do respectivo ente federativo (União ou Estado ou Município ou Distrito Federal).**
>
> [...] Em juízo de mérito, relembrou o relator que, segundo a jurisprudência predominante no TCU, *"quando se aplica a punição baseada no art. 87, inciso III, da Lei de Licitações, a proibição de contratar adstringe-se à entidade sancionadora"*. Nesse sentido, o que *"o embargante pleiteia é justamente o paralelismo de entendimento relativo à aplicação do sobredito art. 87 da Lei nº 8.666/93 e do art. 7º da Lei nº 10.520/2002"*. O relator anotou que o caso requeria uma avaliação específica da interpretação conferida ao art. 7º da Lei nº 10.520/2002 [...]. Sobre o assunto, relembrou que **o posicionamento doutrinário majoritário é que a punição pautada na Lei do Pregão aplica-se para todo o ente federativo aplicador da sanção**. Assim, a aplicação da referida pena *"torna o licitante ou o contratado impedido de licitar e contratar com a União, o que quer dizer: impedido de licitar e contratar com todos os seus órgãos respectivamente subordinados, bem como com as entidades vinculadas, nomeadamente, autarquias, fundações públicas, empresas públicas e sociedades de economia mista, além do descredenciamento do licitante ou do contratado no Sistema*

> *de Cadastramento Unificado de Fornecedores (Sicaf). O licitante ou contratado impedido, nessas condições, não estará proibido de participar de licitações e contratar com órgãos e entidades da Administração Pública estadual, municipal ou do Distrito Federal. [...] Acórdão 2081/2014-Plenário, TC 030.147/2013-1, Rel. Ministro-Substituto Augusto Sherman Cavalcanti, 6/8/2014.*

De grande relevância, traz-se à baila a discussão acerca dos momentos, no decorrer de determinada contratação pública, nos quais é possível a aplicação da sanção em comento. Em especial, aborda-se a possibilidade de apenar eventuais licitantes que ajam conforme as condutas tipificadas no art. 7º da Lei nº 10.520/2002 ainda durante o procedimento licitatório, e sem que tais licitantes venham se sagrar vencedores do certame. Tal esclarecimento é essencial ante à recorrência de condutas tais como o conluio por herança (usualmente referido como "coelho").

Em auditoria capitaneada pelo Tribunal de Contas da União na Secretaria de Logística e Tecnologia da Informação do Ministério do Planejamento, Orçamento e Gestão (SLTI/MPOG), tendo por objeto pregões realizados entre 2009 e 2012, restou evidenciado um elevado número de ocorrências tipificadas no art. 7º da Lei do Pregão, sem que se tivesse autuado o processo administrativo sancionatório correspondente. Em geral, as condutas eram referentes a empresas com sócios em comum que apresentem propostas para um mesmo item na licitação, ou a ações típicas do conluio por herança;

A justificativa para tal omissão, por parte da mencionada Secretaria, deu-se com esteio na suposição de que na grande maioria das ocorrências, ocorrera a desistência do licitante, a não apresentação de documentos ou a inabilitação, fugindo, pois, de sanção que seria aplicável tão somente ao adjudicatário após a homologação do certame.

Não obstante, o entendimento da Corte de Contas mostra-se diverso, sendo formalizado por meio do Acórdão nº 754/2015 – Plenário TCU:

> A relatora, contudo, pontuou que **"a interpretação de que as sanções previstas no art. 7º aplicam-se em qualquer fase do certame é a que melhor se coaduna com a jurisprudência deste Tribunal. Ademais, a leitura mais restritiva desse dispositivo não coibiria práticas perniciosas frequentemente observadas nos pregões eletrônicos, tais como a denominada 'coelho'** [...] Face ao que expôs a relatora, o Plenário, além de declarar a inidoneidade de duas empresas para participar de licitações na esfera federal, expediu, dentre outros comandos, determinação a unidades da Administração

Pública Federal dos três Poderes para que (i) "**9.5.1. orientem os gestores das áreas responsáveis por conduzir licitações, inclusive os dos órgãos sob seu controle de atuação administrativa e financeira, para que autuem processo administrativo com vistas à apenação das empresas que praticarem, injustificadamente, ato ilegal tipificado no art. 7º da Lei nº 10.520/2002 e alertem-nos de que tal dispositivo tem caráter abrangente e abarca condutas relacionadas não apenas à contratação em si, mas também ao procedimento licitatório e à execução da avença;**" e (ii) "9.5.2. divulguem que estão sujeitos a sanções os responsáveis por licitações que não observarem a orientação do item 9.5.1 deste acórdão". (destaques deste autor)

Desta feita, entende-se que as sanções previstas na Lei do Pregão – e por analogia, as previstas na própria Lei de Licitações e Contratos – são aplicáveis a licitantes, independentemente de suas condições como adjudicatários.

Uma dúvida do gestor público, seguramente, irá recair sobre o seguinte ponto: quando uma inabilitação, em pregão, ou uma não apresentação de proposta, pode ensejar a instauração de um processo administrativo passível de culminar em sanção? A resposta não é imediata. Entende-se que o exame deve ser feito casuisticamente. Recomenda-se pesquisar o histórico de conduta da empresa – em termos de inabilitação (o Sicaf apresenta as ocorrências passadas). Caso haja recorrência, de sorte a consubstanciar indícios de que haja de fato conduta inidônea, há motivo suficiente para o processo administrativo.

O Quadro 19 traça um cotejamento entre as sanções de suspensão, declaração de inidoneidade (incs. III e IV do art. 87 da Lei nº 8.666/93 e impedimento (Lei nº 10.520/2002):

Quadro 19. Cotejamento entre as sanções de suspensão, impedimento e declaração de inidoneidade

	Suspensão	Impedimento	Declaração de Inidoneidade
Modalidades aplicáveis	Leilão, Concurso, Convite, Tomada de Preços e Concorrência	Pregão	Leilão, Concurso, Convite, Tomada de Preços e Concorrência
Abrangência	Apenas com relação ao órgão sancionador (conforme entendimento do TCU)	Esfera federativa do órgão sancionador	Toda a Administração Pública

	Suspensão	Impedimento	Declaração de Inidoneidade
Efeitos	Não retroagem (*ex nunc*)	Não retroagem (*ex nunc*)	Não retroagem (*ex nunc*)
Prazo	Até 2 (dois) anos	Até 5 (cinco) anos	Indeterminado, podendo o sancionado pleitear a revisão da penalidade após, no mínimo, 2 (dois) anos de sua aplicação

Fonte: elaborado pelo autor.

8.3. QUESTÕES PRÁTICAS (E CONTROVERSAS) SOBRE SANÇÕES ADMINISTRATIVAS

Nas próximas páginas, discorrer-se-á sobre algumas das principais questões controversas que permeiam o tópico sanções administrativas aplicáveis em licitações e contratos administrativos.

8.3.1. Há discricionariedade por parte do gestor público na aplicação das sanções?

Recorrendo-se aos preceitos do Direito Administrativo, nos atos discricionários, os requisitos motivo e objeto não são vinculados, podendo o agente decidir sobre os seguintes aspectos:

- é oportuno considerar determinado fato gerador como um motivo para certo ato administrativo? (= julgamento da oportunidade do ato, relacionada ao requisito motivo);
- é conveniente o resultado do ato para a situação concreta? (= julgamento da conveniência do ato, relacionada ao requisito objeto).

Dessa maneira, cabe ao agente público, nos atos administrativos discricionários, seguir estritamente o estabelecido pela lei no que diz respeito aos requisitos competência, finalidade e forma, mas cabe o seu julgamento sobre o motivo e o objeto, sempre em consonância com a moral administrativa. A ponderação sobre o motivo e o objeto, nesses casos, é chamada de **mérito administrativo**.

No escopo das licitações e dos contratos, avalia-se que há duas ocasiões, temporalmente distintas, em que o agente público deve ponderar sobre as sanções. Vejamos:

a) 1º momento: a elaboração do instrumento convocatório

Trata-se de tarefa crítica em termos de previsão das sanções administrativas, de modo que culminem razoáveis e proporcionais. Neste ponto, em especial, a elaboração de tabelas de multas deve ser alvo de análise acurada. A discricionariedade recai sobre o arrolamento das condutas passíveis de penalidade, bem como dos índices pecuniários que consubstanciarão as multas.

b) 2º momento: execução contratual

Durante a execução contratual, o agente público encontra-se vinculado ao instrumento convocatório. Desta forma, caso a empresa incorra em conduta reprovável expressamente prevista em edital ou em carta-convite, à qual se associa determinada sanção, não cabe ao agente ponderar se a penalidade deve ou não ser imposta. Seu dever, de ofício, é instaurar processo administrativo, ao fim do qual poderá ser aplicada a sanção prevista.

Não obstante, em que pese a predominância de atos vinculados durante a execução contratual, a discricionariedade é observada, predominantemente, nas seguintes situações:

- na decisão acerca da aplicação da sanção de advertência: de modo geral, as condutas que fazem jus à advertência não são exaustivamente tipificadas em instrumentos convocatórios, cabendo a análise casuística do gestor público sobre a conveniência e oportunidade de sua proposição;
- na determinação da dosimetria das sanções de suspensão (art. 87, inc. III, Lei nº 8.666/93) e de impedimento (art. 7º, Lei nº 10.520/2002): malgrado a discricionariedade nesta ação, a moldagem da dosimetria deve ser devidamente motivada. Ao final deste Capítulo, analisam-se com maior profundidade variáveis que devem tomar parte de um modelo para a estipulação dos prazos das penas em tela.

8.3.2. Um histórico negativo de uma empresa, em termos de sanções, pode ser considerado para fins de inabilitação em licitação?

O histórico de sanções sofridas pela licitante não deve interferir no julgamento da habilitação, que deve ser feito de forma objetiva e com base nos critérios previstos na lei e no edital[10].

---

10 Logicamente, caso as sanções previstas nos incs. III e IV do art. 87 da Lei de Licitações e Contratos ou no art. 7º da Lei do Pregão estejam vigentes, são suficientes para a inabilitação do licitante. O que se aborda, nesse tópico, é o histórico de advertências, multas ou de sanções cujos efeitos já expiraram.

Nessa seara, eis o que dispõe o Acórdão nº 8.636/2013 – Plenário TCU:

> Ora, a lei não prevê, entre as hipóteses de inabilitação, o fato de a licitante ter sofrido sanções anteriores [...] em seu relacionamento comercial com a Administração Pública, de modo que **o conhecimento do recorrente quanto à vida pregressa da licitante em nada poderia interferir no julgamento da habilitação**, que deve ser feito de forma objetiva e com base nos critérios previstos na lei e no edital.

8.3.3. É possível prorrogar, a pedido da contratada, um prazo de entrega que já se exauriu?

Segundo Plácido e Silva (1989, p. 1.246-1.247), a prorrogação pode ser conceituada nos seguintes termos:

> [O vocábulo prorrogação advém do] latim *prorogatio*, de *prorogare* (alongar, dilatar, adiar, ampliar), exprime, originariamente, o aumento de tempo, a ampliação do prazo, o espaçamento do tempo, prestes a extinguir, para que certas coisas possam continuar, em seguimento, sem solução de continuidade. Nessa razão, **a prorrogação pressupõe prazo ou espaço de tempo, que não se extinguiu nem se finou, e que é ampliado, dilatado, aumentado, antes que se acabe...** A prorrogação, portanto, tem por objeto precípuo não admitir interrupção nem promover uma solução de entre o espaço de tempo, que foi insignificante para cumprimento de certo fato, e o outro, que se concedeu ou veio aumentar o passado.

À luz da definição acima, infere-se que **não há de se falar em prorrogação quando o prazo de entrega já se exauriu**. Trata-se, pois, de pleito dito intempestivo, por parte da contratada.

Uma hipótese a ser aventada seria o de **estipulação de novo prazo de entrega**, por parte da Administração, independentemente de haver pleito tempestivo por parte do particular. Essa linha de ação, salvo melhor juízo, não se coaduna com as boas práticas de gestão pública. Confere privilégio à pessoa do contratado, fugindo do estipulado em instrumento convocatório e em sua proposta original. É, assim, **afronta ao princípio da impessoalidade**.

Ademais, admitir prorrogação contratual sem previsão legal ou do instrumento convocatório é crime previsto no art. 92 da Lei de Licitações e Contratos:

> Art. 92. **Admitir, possibilitar ou dar causa a qualquer modificação ou vantagem, inclusive prorrogação**

contratual, em favor do adjudicatário[11], durante a execução dos contratos celebrados com o Poder Público, sem autorização em lei, no ato convocatório da licitação ou nos respectivos instrumentos contratuais, ou, ainda, pagar fatura com preterição da ordem cronológica de sua exigibilidade [...]

Pena – detenção, de dois a quatro anos, e multa.

Deve-se, assim, alertar o contratado sobre a impossibilidade de prorrogação, eximindo-se de estipular novo prazo de entrega, e salientando-se que a Administração espera a execução do objeto com a devida celeridade, cujo atraso está impingindo multa de mora a ser cobrada oportunamente.

8.3.4. Os contratos administrativos das empresas apenadas com suspensão, impedimento ou inidoneidade podem ser prorrogados?

Haja vista as penalidades em pauta consubstanciarem impeditivos para a celebração de novas avenças com a Administração, o entendimento é que a prorrogação contratual, com fulcro nos incs. I a V do art. 57 da Lei nº 8.666/93, é vedada.

Contudo, a prorrogação alusiva ao cronograma de execução ("*prazos de início de etapas de execução, de conclusão e de entrega*"), cujos motivos são previstos no § 1º do mesmo artigo e no § 5º do art. 79 da Lei de Licitações e Contratos, é admitida, haja vista que o objeto original da contratação não se exauriu.

Em síntese, quando a prorrogação exige a presença do elemento volitivo de ambas as partes, a prorrogação é vedada.

8.3.5. As sanções de suspensão, declaração de inidoneidade (Lei nº 8.666/93) e impedimento (Lei nº 10.520/2002) devem ensejar o cancelamento de ata de registro de preços vigente?

De antemão, há de se ater ao fato de que a ata de registro de preços possui natureza distinta do contrato administrativo. Trata-se tão somente de um compromisso assumido pelo particular frente à Administração, na hipótese de haver uma futura contratação. Tal fato é assim abordado pelo Acórdão nº 3.273/2010 – 2ª Câmara TCU:

> Na verdade, a ata firma compromissos para futura contratação, ou seja, caso venha a ser concretizado o contrato, há que se obedecer às condições previstas na ata. Ademais, a

---
11 Uma melhor técnica legislativa empregaria o termo "contratado" em vez de "adjudicatário".

ata de registro de preços impõe compromissos, basicamente, ao fornecedor (e não à Administração Pública), sobretudo em relação aos preços e às condições de entrega. Já o contrato estabelece deveres e direitos tanto ao contratado quanto ao contratante, numa relação de bilateralidade e comutatividade típicas do instituto.

Desse modo, a cada vez que se emite uma requisição de material ou uma ordem de serviço com esteio em uma ata de registro de preços vigente, procede-se a uma nova formalização de um contrato administrativo – ainda que, de modo recorrente, o termo de contrato possa ser substituído por esses documentos combinados com uma nota de empenho de despesa.

As sanções em comento impedem que os apenados celebrem novas avenças com Administração (art. 87, inc. III, Lei nº 8.666/93), com a esfera federativa do órgão sancionador (art. 7º, Lei nº 10.520/2002) ou com toda a Administração Pública (art. 87, inc. III, Lei nº 8.666/93). Destarte, (apenas) **nos casos dessas penas abarcarem a relação entre o órgão / entidade e a signatária de determinada ata de registro de preços**, novas contratações originárias dessas atas não poderiam ser firmadas.

O Decreto nº 7.892/2013, que regulamenta o Sistema de Registro de Preços no âmbito da União, traz a seguinte previsão em seu art. 20:

> Art. 20. O registro do fornecedor será cancelado quando:
> [...]
> IV – sofrer sanção prevista nos incisos III ou IV do *caput* do art. 87 da Lei nº 8.666, de 1993, ou no art. 7º da Lei nº 10.520, de 2002.

A interpretação literal desse dispositivo traz, salvo melhor juízo, óbices significativos à seara pública. A fim de bem ilustrar este argumento, analisemos as seguintes situações hipotéticas:

(a) determinada empresa é sancionada, pelo Ministério da Saúde, com a pena prevista no inc. III do art. 87 da Lei nº 8.666/93, pelo período de 1 (um) ano. Apesar de a pena produzir efeitos apenas para com aquele Ministério, a aplicação inflexível do art. 20 do Decreto nº 7.892/2013 exige que uma ata de registro de preços firmada entre tal empresa e o Ministério da Previdência Social, por exemplo, seja cancelada;

(b) determinada empresa é sancionada pela Assembleia Legislativa de Minas Gerais, com a pena prevista no art. 7º da Lei nº 10.520/2002. Em que pese a sanção produzir efeitos apenas no âmbito do Estado de Minas Gerais, a literalidade do disposto no decreto em análise demanda que uma ata de registro de preços firmada junto a órgão federal seja cancelada;

(c) determinada empresa é sancionada, pela Câmara dos Deputados, com a sanção prevista no art. 7º da Lei nº 10.520/2002, pelo período de 2 (dois) meses. Uma ata de registro de preços firmada pela mesma empresa com o Senado Federal, com vigência remanescente de 10 (dez) meses, por exemplo, teria de ser cancelada, malgrado o fato de, quando a pena expirasse, haveria ainda o interstício de 8 (oito) meses de validade da ata;

(d) a mesma empresa é sancionada, pela Câmara dos Deputados, com a sanção prevista no art. 7º da Lei nº 10.520/2002, pelo período de 3 (três) anos. No entanto, por algum motivo (seja via judicial, ou pelo efetivo cumprimento tardio da avença, em instante pós-sanção), a pena é suspensa ou revertida. Nesse caso, as atas de registro de preços eventualmente canceladas não poderão ser retomadas;

(e) talvez a maior incongruência na interpretação literal do art. 20 do Decreto nº 7.892/2013 resida no seguinte exemplo: determinada empresa foi sancionada com suspensão (art. 87, inc. III, da Lei nº 8.666/93), pelo período de 2 (dois) anos, pelo Senado Federal. Nesse ínterim, a Câmara dos Deputados fará um pregão, para registro de preços, visando ao fornecimento de medicamentos. A citada empresa não encontra óbices em termos de participação no certame, dado que, como sabemos, a sanção produz efeitos tão somente no âmbito do órgão sancionador. No entanto, uma vez sagrando-se vencedora, não poderia assinar a ata, haja vista enquadrar-se na previsão do citado dispositivo que regulamenta o Registro de Preços na esfera federal.

O fato é que a inadimplência de contratados é situação frequente em contextos de crise econômica. Na presente conjuntura, ante a recorrência de aplicação de sanções, a intelecção inflexível do inc. IV do art. 20 do Decreto nº 7.892/2013 implica a perda de credibilidade da ata de registro de preços frente aos contratos administrativos, por suscitar sua maior fragilidade em termos de sua perpetuação[12].

Entende-se que a linha de ação adequada é a formalização de consultas ao Tribunal de Contas da União sobre a aplicação adequada do aludido dispositivo normativo. O intuito é a consolidação de jurisprudência complementar sobre o tema, ou, quiçá a recomendação formal que culmine na edição do decreto em pauta.

---

[12] Tal fragilidade é apenas minimizada pela formação de cadastros de reserva.

8.3.6. Cabem as sanções da Lei nº 8.666/93 no caso de Pregão?

Esta é, seguramente, uma das questões mais controversas sobre a temática.

Primeiramente, não se olvida que a Lei nº 8.666/93 possui aplicação subsidiária à modalidade Pregão, conforme preconiza o art. 9º da Lei nº 10.520/2002:

> Art. 9º Aplicam-se subsidiariamente, para a modalidade de pregão, as normas da Lei nº 8.666, de 21 de junho de 1993.

Tal lógica implica que, apenas nas situações nas quais a Lei nº 10.520/2002 for omissa, pode-se (e deve-se) recorrer à Lei nº 8.666/93. Sendo a Lei do Pregão norma especial, afasta a aplicação da Lei Geral de Licitações e Contratos nas matérias que disciplina. E, no caso de sanções, a tipificação das condutas da Lei do Pregão é significativamente mais rica do que a da Lei de Licitações.

No que tange às sanções administrativas, o art. 7º da Lei do Pregão prevê explicitamente como conduta passível de impedimento de licitar e de contratar com a esfera federativa do órgão/entidade sancionador o comportamento inidôneo. Assim, de modo objetivo, **resta afastada a hipótese de se aplicar o inc. IV do art. 87 da Lei de Licitações e Contratos (declaração de inidoneidade).**

A sanção de suspensão (inc. III do art. 87 da Lei nº 8.666/93) é passível de aplicação nos casos de inexecução total ou parcial do contrato. Tal conduta é análoga ao que a Lei nº 10.520/2002 refere-se como "falhar na execução do contrato". Assim, com a mesma linha de raciocínio conduzida no parágrafo anterior, **resta afastada a hipótese de se aplicar o inc. III do art. 87 da Lei de Licitações e Contratos (declaração de inidoneidade).**

As multas – sejam elas de mora ou compensatórias – já estão previstas no art. 7º da Lei do Pregão. Assim, **o art. 86 e o inc. III do art. 87 da Lei de Licitações e Contratos não se aplicam no caso de Pregão.**

Por fim, cabe a análise acerca da sanção de advertência (inc. I do art. 87 da Lei nº 8.666/93). Trata-se de penalidade revestida de discricionariedade por parte do agente público, que a aplica para fins pedagógicos e de alerta. Um atraso minoritário na execução do objeto, uma inadimplência pontual em obrigação acessória ou um lapso temporal diminuto na perpetuação da regularidade fiscal da contratada podem ensejar, além de eventuais multas previstas, a sanção advertência. A aplicação de outras sanções seria desproporcional.

Destarte, entende-se que a sanção de advertência é a única preconizada na Lei nº 8.666/93 que pode ser aplicada, de forma subsidiária, a descumprimentos menores em avenças oriundas de pregões.

8.4. A INSTRUÇÃO DO PROCESSO ADMINISTRATIVO DE SANÇÃO: ESTUDOS DE CASO

Com vistas a melhor eficiência didática, a abordagem acerca da adequada instrução do processo administrativo passível de culminar em sanção será esteada em sucintos estudos de caso.

ESTUDO DE CASO 1: Instrução do processo administrativo

SITUAÇÃO INICIAL

Vencedora do Convite nº 20/2015, a Empresa X foi contratada, pela Câmara dos Deputados, para o fornecimento integral, em caráter emergencial, de 1.000 sacos de cimento, com prazo de entrega máximo fixado para 20/04/2015.

A despeito da obrigação assumida, constatou-se que, no dia 28/04/2015, o material ainda não havia sido entregue, sem que houvesse nenhuma manifestação da Contratada.

Qual a ação devida à Administração?

PASSO 1: NOTIFICAÇÃO À CONTRATADA

A notificação original à contratada deve deter as seguintes características:

- **teor**: alertar sobre a inadimplência; solicitar a imediata solução da pendência; avisar sobre as sanções administrativas as quais a empresa estará sujeita;

- **prazo conferido ao particular, para manifestação**: o prazo é de 5 (cinco) dias úteis, estipulado com base no art. 87, § 2º, da Lei nº 8.666/93, ou, de modo mais amplo, na Lei nº 9.784/99[13];

- **modo de envio da notificação**: o modo de envio deve ser o que propicia maior segurança em termos de confirmação de recebimento e de leitura pela contratada. De maneira geral, o Aviso de Recebimento (AR), dos Correios, é um serviço que se mostra adequado a este propósito[14]. O uso do AR, segundo o sítio dos Correios, dá-se ante a "validade jurídica para demonstração do recebimento do objeto postal ao qual se vincula".

---

[13] Regula o processo administrativo no âmbito da Administração Pública Federal.

[14] Na hipótese de o AR retornar por não haver localizado a empresa (endereço inexistente, ou outro estabelecimento em exercício no local informado, por exemplo), sem que haja a ciência da contratada, deve-se proceder à publicação de Edital de Convocação, na imprensa oficial.

Para fins de ilustração, segue exemplo da notificação inicial:

> *Prezados Senhores,*
>
> *Comunicamos V. Sas. que, até a presente data, a empresa não forneceu o objeto da Nota de Empenho nº 2015NEXXXX, cujo prazo de entrega expirou em 22/04/2015.*
>
> *Assim, solicitamos a imediata solução da pendência, lembrando que essa empresa já está incorrendo em multa, por dia de atraso, conforme previsto no item XX do Anexo nº XX (Tabela de Multas) da Carta convite nº 20/2015. Em caso de descumprimento da obrigação, essa empresa poderá ser suspensa de participar de licitações e de contratar com a Câmara dos Deputados, por até 2 (dois) anos.*
>
> *Essa empresa tem o prazo máximo de 5 (cinco) dias úteis, a contar do recebimento desta, para se manifestar sobre o assunto.*
>
> *Para mais esclarecimentos, favor contatar a Seção de Liquidação, tel. (61) XXXX-XXXX.*

Caso haja a manutenção do óbice na execução contratual, fato usualmente associado ao silêncio do particular em face da comunicação acima, é recomendável expedir-se nova comunicação, reiterando os termos da anterior.

No caso em análise, dentro do prazo conferido para a manutenção da Empresa X, a Câmara dos Deputados recebeu a seguinte resposta:

> *Prezados Senhores,*
>
> *Em atenção à Carta a nós remetida pela Câmara dos Deputados, temos a informar que, em virtude da grande quantidade de pedidos, nosso fornecedor pediu um prazo maior para nos entregar o material. Assim, solicitamos que o prazo de entrega seja prorrogado até 15.05.*
>
> *Certo de não termos culpa do ocorrido, e de ser levado em consideração nosso histórico exemplar de fornecimento a essa Casa.*
>
> *Respeitosamente,*
>
> *Empresa X*

PASSO 2: ANÁLISE DA RESPOSTA DA EMPRESA E RÉPLICA DA ADMINISTRAÇÃO

No que tange à resposta da empresa, três aspectos principais merecem a análise da Administração.

- **A alegação da empresa é suficiente?**

  A mera alegação da empresa de que a culpa pelo atraso é de seu fornecedor não é suficiente. Há de se comprovar tal alegação, mediante provas documentais.

- **O suposto histórico favorável de relações com a Câmara dos Deputados deve ser considerado?**

  O histórico "exemplar" de fornecimento, no escopo de outras avenças, não deve ser considerado. A atuação do agente público é, majoritariamente, vinculada. Da mesma forma, um histórico desfavorável, em outros contratos, também não deve. O correto é analisar tão somente a realidade do contrato inadimplente.

- **É possível autorizar a prorrogação?**

  O pleito da empresa foi intempestivo – o prazo para a entrega já havia expirado. Desta forma, conferir novo prazo seria incorrer na conduta reprovável prevista no art. 92 da Lei de Licitações e Contratos.

Ante as análises acima, a Administração deve redigir réplica à Empresa X, com o seguinte conteúdo:

Prezados Senhores,

Em atenção à sua correspondência anterior, solicitamos o envio de comprovante referente às tratativas efetuadas ao seu fornecedor, a fim de que o assunto possa ser mais bem analisado por esta Casa.

Ademais, em resposta à solicitação de prorrogação de prazo de entrega do objeto do certame, comunicamos não ser possível a análise do pleito, tendo em vista sua intempestividade – o prazo para fornecimento do material expirou em 22/04/2015.

Ante o exposto, esperamos que VV. S.as envidem todos os esforços para que o material nos seja fornecido com a maior brevidade possível, uma vez que o prazo de entrega encontra-se vencido.

Para maiores esclarecimentos, favor contatar a Seção de Liquidação, tel. (61) XXXX-XXXX.

Infelizmente, a empresa não possuía comprovantes das tratativas com seu fornecedor, de modo que não respondeu à carta.

Nesse ponto, passam a existir duas hipóteses:

a) a empresa não entrega o material;

b) a empresa entrega o material, com atraso.

Em ambos os casos, deve-se proceder à nova comunicação à empresa. A comunicação emitida, nesse momento, ao particular, visa a informá-lo sobre a efetiva proposição de sanção que será submetida às instâncias decisórias, de modo a reforçar o exercício do contraditório e da ampla defesa. Como exemplo, nesse momento não só se cientifica que o contratado está sujeito à multa pelo atraso na execução do objeto (caso o objeto tenha sido realmente entregue com atraso), mas informa-se o valor exato da multa, que será posteriormente apreciado pelos níveis hierárquicos superiores do órgão/entidade da Administração.

Trata-se, pois, de comunicação mais contundente, que conta com maior probabilidade de motivar o contratado a justificar sua falha e/ou a cumprir a avença a contento.

Vejamos o procedimento nessas situações.

PASSO 3 (a): A EMPRESA NÃO ENTREGOU O OBJETO

Nessa hipótese, deve-se remeter nova carta à contratada, com previsões mais concretas em termos de penalidades. É a segunda chance conferida para fins de contraditório e ampla defesa.

> *Prezados Senhores,*
>
> *Comunicamos a VV. S.as que, até a presente data, apesar dos esforços desta Casa, essa empresa não forneceu o Objeto da Carta Convite nº 20/2015.*
>
> *Diante disso, será proposta à autoridade superior desta Casa a aplicação das seguintes medidas:*
> - *multa de R$ 2.500,00 (dois mil e quinhentos reais) correspondente a 10% do valor do produto não entregue, conforme previsão do item 10 do Anexo nº 3 da Carta Convite nº 20/2015;*
> - *suspensão do direito de licitar e contratar com a Câmara dos Deputados pelo período de até 2 (dois) anos, com fulcro no subitem 4.1, alínea "c" do Anexo nº 3 da Carta Convite.*

> Essa empresa tem o prazo máximo 5 (cinco) dias úteis, a contar do recebimento desta, para se manifestar sobre o assunto. Esgotado o prazo sem que haja manifestação ou não seja julgada procedente a justificativa apresentada, será dado imediato andamento ao processo, para efeito da aplicação das penalidades.

PASSO 3 (b): A EMPRESA ENTREGOU COM ATRASO

Nessa hipótese, deve-se, da mesma forma, remeter nova carta à contratada, com previsões mais concretas em termos de penalidades. Uma vez tenha sido adimplida a obrigação, não há de se falar na sanção de suspensão (art. 87, inc. III, da Lei nº 8.666/93). É, nos moldes da situação anterior, a segunda chance conferida para fins de contraditório e ampla defesa.

> Prezados Senhores,
>
> Comunicamos a VV. S.as que, tendo em vista o atraso de 23 dias na entrega do material descrito na Nota Fiscal nº 1.762, será proposta à autoridade superior desta Casa a aplicação da multa de R$ 2.000,00 (dois mil reais), conforme previsto na Carta Convite nº 20/2015.
>
> Essa empresa tem o prazo máximo de 5 (cinco) dias úteis, a contar do recebimento desta comunicação, para se manifestar sobre o assunto. Caso não haja manifestação dentro do prazo estipulado, ou não seja julgada procedente a justificativa para a irregularidade, será dado imediato andamento ao processo para efeito de aplicação de multa.

PASSO 4: ANÁLISE DE UMA NOVA RESPOSTA DA EMPRESA (se houver)

Caso a Empresa X responda as cartas inerentes ao passo 3, cabe à Administração analisar o teor das manifestações. Apenas no caso de sobrevirem fatos relevantes e inéditos é que se mostra pertinente manter novas comunicações com a contratada. O intuito precípuo não é prolongar as tratativas, mas sim fazer com que a empresa entregue o objeto à Câmara dos Deputados.

No caso de se depreender que a contratada usa de expedientes pouco claros, com vistas a apenas delongar uma eventual aplicação de sanção, o melhor é fazer com que o processo administrativo chegue a termo (sempre se observando o contraditório e a ampla defesa).

Relevante salientar que, a despeito de tais comunicações preliminares efetivamente comporem o processo administrativo passível de culminar em uma sanção, o intuito a nortear a Administração, nesta etapa, é a consecução da execução do objeto, pelo contratado.

Apenas na hipótese de tais comunicações preliminares não lograrem êxito, ou seja, perpetuar-se o descumprimento da obrigação contratual, o processo administrativo progride para a análise da reprovabilidade da conduta do particular.

PASSO 5: ELABORAR A INSTRUÇÃO PROCESSUAL QUE MOTIVARÁ A DECISÃO QUANTO À SANÇÃO

A instrução processual que motiva a decisão quanto à sanção deve apresentar, de maneira inequívoca, duas partes, assim, discriminadas:

- Parte 1: análise da reprovabilidade da conduta, e
- Parte 2: subsídios e determinação da dosimetria da pena (no caso das sanções advindas do inc. III do art. 87 da Lei nº 8.666/93 ou do art. 7º da Lei nº 10.520/2002).

Logicamente, caso seja evidenciada a inexistência de reprovabilidade da conduta, não há de se falar em sanções – neste caso, a instrução não conterá a parte 2 acima mencionada.

Vejamos com maiores detalhes as segmentações da instrução:

Parte 1: Análise da reprovabilidade da conduta

A simples ocorrência de falha na execução contratual não é condição suficiente, *per se*, para estear a aplicação de sanção administrativa. É o que dispõe Justen Filho (2013, p. 241):

> A configuração de infrações pressupõe a **reprovabilidade da conduta do particular**. Isso significa que a infração se caracterizará [sic] pelo descumprimento aos deveres legais ou contratuais, que configure materialização de um posicionamento reprovável.
>
> Como decorrência, **a imposição de qualquer sanção administrativa pressupõe o elemento subjetivo da culpabilidade**. No direito penal democrático não há responsabilidade penal objetiva. Mas é essencial e indispensável verificar a existência de uma conduta interna reprovável. **Não se pune alguém em virtude de mera ocorrência de um evento material indesejável**. Mas se lhe impõe uma sanção porque atuou de modo reprovável.
>
> Quando se produz lesão a um bem jurídico sem que tal se configure como resultado de uma ação ou uma omissão

reprovável de um sujeito, tratar-se-á de **"uma desgraça, mas não de um injusto"**. Em outras palavras, o tipo penal é integrado não apenas pela descrição de eventos materiais, mas também, por uma conduta subjetiva reprovável. (destaques deste autor)

Há, destarte, no segmento inicial da instrução, descrever os fatos, de modo a restar patente se houve culpa (ou dolo) na conduta do contratado. Não se pode olvidar que um inadimplemento ou um atraso na entrega do material ou na prestação do serviço pode se dar em função de caso fortuito ou de força maior, hipóteses que, de antemão, afastariam a aplicabilidade de sanções administrativas.

Uma sugestão de redação, atinente ao caso em estudo, da parte preliminar da instrução, segue abaixo:

> *Trata-se do Convite nº 20/2015, cujo objeto é a aquisição emergencial de cimento para a Câmara dos Deputados.*
>
> *Sagrando-se vencedora do certame, a Empresa X foi contratada para o fornecimento do objeto, cujo prajo de entrega original expirou em 22/04/2015.*
>
> *A despeito da obrigação assumida, e frente ao inadimplemento da citada empresa, este órgão remeteu a Carta nº XX/15, em 28 de abril do corrente ano, alertando a contratada sobre a pendência em tela, sobre as sanções a que estaria sujeita e conferindo prazo para sua manifestação.*
>
> *Em resposta, a Empresa X atribuiu o atraso a seu fornecedor, que, frente a uma suposta grande quantidade de pedidos, havia demandado a dilação do prazo para o fornecimento do material. Solicitou ainda, a prorrogação intempestiva do prazo de entrega, o que foi negado por esta Administração.*
>
> *Este órgão remeteu nova Carta à empresa, solicitando o envio de comprovantes das tratativas efetuadas com o fornecedor, capazes de prover o necessário esteio ao seu argumento.*
>
> *Esgotado o prazo concedido sem que houvesse nova manifestação da contratada, não se apresentam elementos capazes de insentar a Empresa X de ser enquadrada em situação de conduta reprovável, aspecto basilar, para ensejar a aplicação de sansão administrativa.*

Parte 2: Dosimetria das sanções (inc. III do art. 87 da Lei nº 8.666/93 ou do art. 7º da Lei nº 10.520/2002)

Entre outras condutas, na hipótese de determinada contratada não haver cumprido sua obrigação principal, passa a estar sujeita às sanções previstas no inc. III do art. 87 da Lei nº 8.666/93 (suspensão) ou no art. 7º da Lei nº 10.520/2002 (impedimento).

No caso em estudo, por se tratar da modalidade convite, a penalidade passível de aplicação é a suspensão, com fulcro na Lei de Licitações e Contratos, com prazo legal previsto para "até dois anos".

Desafio proeminente ao gestor público é o estabelecimento de um modelo capaz de bem motivar a dosimetria dos prazos de suspensão ou impedimento. De fato, a ausência de critérios claros e aplicados a todos os processos administrativos que culminem na proposição dessas sanções torna a ação **arbitrária** e **pouco transparente**.

Não há um único modelo capaz de fazer frente às diversas peculiaridades das situações que se apresentam à Administração. Malgrado tal fato, há fatores que, de modo geral, podem (e devem) ser levados em consideração na estipulação da dosimetria em tela. Nesse bojo, após um acurado estudo efetuado em 2014, a Câmara dos Deputados concebeu um modelo que leva em consideração 5 (cinco) critérios básicos, que proveem o subsídio necessário à determinação do interstício da sanção.

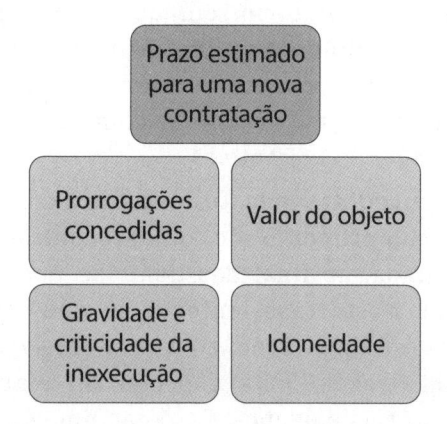

- Prazo estimado para uma nova contratação
- Prorrogações concedidas
- Valor do objeto
- Gravidade e criticidade da inexecução
- Idoneidade

A seguir, discorrer-se-á sobre cada um desses critérios:

- **Prazo estimado para uma nova contratação**: este é o interstício--base da sanção a ser aplicada pela Câmara dos Deputados. Parte-se da premissa de que, ao impedir ou suspender o contratado por este prazo, resguarda-se a Administração de fazer nova contratação com a pessoa que acabou por frustrar a eficácia do certame. Nesse sentido, há indícios na Lei de Licitações e Contratos de que o prazo esperado para a realização de um procedimento licitatório seja, some, em sua totalidade, 180 (cento e oitenta) dias[15]. Não se pode esquecer, contudo que a modalidade convite é mais célere que as demais. Destarte, naquele órgão, os prazos

---

15 Veja, por exemplo, o inciso IV do art. 24 da Lei nº 8.666/93.

estimados para novas contratações, com relação aos ritos de compra podem ser assim arrolados (Quadro 20):

Quadro 20. Relação entre rito de compra e prazo estimado para contratação

Rito / modalidade	Prazo estimado
Dispensa de Licitação (art. 24, I e II, da Lei nº 8.666/93)	1 mês
Convite	2 meses
Pregão	6 meses

Fonte: elaborado pelo autor.

Dessa maneira, no caso de pregão, por exemplo, a análise acerca da dosimetria da sanção de impedimento parte do prazo de 6 (seis) meses. Com base nos demais critérios, tal interstício pode ser flexibilizado.

Tal regra geral, contudo, não é aplicável aos processos administrativos que cuidam de penalidades passíveis de serem aplicadas por óbices ocorridos durante o procedimento licitatório, em que o particular não se sagrou vencedor. É o caso, por exemplo, do coelho, ou do licitante que, simplesmente, não manteve sua proposta. Nesses casos, há de se conceber modelo próprio para a análise da situação, considerando-se como critério-chave a existência ou não de dolo na conduta do licitante.

- **Prorrogações concedidas pela Administração**: trata-se de prorrogações de prazos de cumprimento do objeto contratual, solicitadas pela empresa contratada, ao final das quais se perpetuou a condição de inadimplemento. Neste caso, entende-se que a(s) prorrogação(ões), concedidas pela Administração, com base em evidências apresentadas pela contratada, trazem uma expectativa temporal em termos de execução satisfatória da avença. Caso não houvesse a dilação do prazo, alternativas diversas poderiam ter sido tomadas, de forma antecipada, pelo órgão/entidade pública com vistas à execução do objeto: rescisão contratual e contratação do remanescente, outra licitação, compra emergencial, entre outros. Neste diapasão, os prazos estendidos são "devolvidos" ao particular, sendo somados ao interstício-base citado no item anterior.

- **Valor do objeto**: em ótica econômica/quantitativa, pressupõe-se que a falha da execução de um contrato de baixo vulto traz menores implicações do que em outro de significativo montante. Assim, a depender da faixa de valor da obrigação inadimplida, flexibiliza-se o interstício da sanção, para mais ou para menos.

- **Gravidade e criticidade da inexecução contratual**: refere-se à análise qualitativa dos impactos do inadimplemento. A título de ilustração, citam-se:
  - a falta de entrega de determinado material de manutenção de bens imóveis (adesivo para piso vinílico, por exemplo), pode implicar a impossibilidade de terminar a reforma de unidades administrativas ou de apartamentos funcionais, culminando em oferta de instalações físicas inadequadas a agentes públicos;
  - a inexecução contratual de pessoa física contratada para ministrar uma palestra, ou de pessoa jurídica para realizar tradução simultânea pode acarretar danos inclusive à imagem institucional do órgão/entidade contratante.

  Em situações análogas às ilustradas, de acordo com a gravidade da inexecução contratual, é possível acrescer-se prazo para a sanção administrativa.

  A gradação do prejuízo é tarefa de cunho eminentemente subjetivo. Não obstante, frisa-se que a dilação do prazo de sanção por conta de prejuízo identificado deve ser motivada no processo, buscando-se, ainda, a proporcionalidade devida.

- **Idoneidade**: nos casos das modalidades licitatórias previstas na Lei nº 8.666/93, na hipótese de haver indícios de inidoneidade, o processo administrativo irá cuidar, *a priori*, da proposição da sanção prevista no inc. IV do seu art. 87 (declaração de inidoneidade) que, como vimos, possui efeitos mais severos do que a mera suspensão (art. 87, inc. III), ao impedir a licitação e a contratação com toda a Administração Pública. No entanto, em se tratando de pregão, não há uma sanção específica para os casos de inidoneidade. Destarte, entende-se que a maior severidade da sanção inerente a tal conduta é obtida mediante uma maior dosimetria do prazo de impedimento.

Os subsídios para a análise da **gravidade e criticidade da inexecução** e da **idoneidade** da contratada devem ser providos pela área técnica/demandante do objeto. De modo geral, o órgão que instrui a sanção administrativa não terá, por si, as informações afetas a prejuízos causados e à conduta do particular durante as tratativas com a Administração.

Retomando o estudo do caso proposto, uma sugestão de redação, agora atinente à parte final da instrução, tomando-se a hipótese de a empresa efetivamente não haver entregue o objeto, segue abaixo[16]:

---

16 No caso em estudo, o valor do objeto (por ser considerado como "intermediário") e a idoneidade da contratada não foram considerados em termos de alteração do prazo de sanção.

> Ante o descumprimento total da obrigação assumida, incide o preconizado no item 10 do Anexo nº 3 da Carta-Convite nº 20/2015, sendo aplicável multa no valor de R$ 2.500,00 (dois mil e quinhentos reais), correspondente a 10% do valor do produto não entregue.
>
> No que concerne à proposição da dosimetria da penalidade de suspensão temporária do direito de licitar e impedimento de contratar com a Câmara dos Deputados (art. 87, inc. III, Lei nº 8.666/93), conforme práxis vigente na Casa, o prazo-base para a sanção equivale ao interstício estimado para que se possa ter acesso ao bem, mediante novo processo licitatório, em modalidade idêntica a atual. No caso, em se tratando de convite, estima-se o prazo de 2 (dois) meses para sua conclusão.
>
> Não obstante, consoante manifestação do Departamento Técnico, a falta de cimento implicou a paralisação das reformas nos calçamentos de acesso à Câmara dos Deputados, acarretando prejuízo em termos de postergação de cronograma de tarefas e de ociosidade no emprego de pessoal. Com espeque nesse fato, propõe-se, no presente expediente, que o prazo supramencionado seja acrescido de 4 (quatro) meses.
>
> Ante o exposto a proposição da sanção de suspensão consubstancia 6 (seis) meses, a qual é submetida à apreciação superior.

PASSO 6: COMUNICAÇÃO FINAL À EMPRESA

Uma vez sendo efetivado o ato administrativo que aplica a sanção à empresa – consubstanciado, usualmente, por portaria – deve-se cientificar o particular, de preferência em momento anterior à derradeira publicação na imprensa oficial para que, caso, neste momento, sejam apresentados fatos novos ou circunstâncias relevantes suscetíveis de justificar a inadequação da sanção aplicada, possa o processo administrativo ser revisto antes que os efeitos da penalidade sejam tornados eficazes.

Exemplo de comunicação à empresa, nesses moldes, é assim apresentado:

> Prezados senhores;
>
> Comunicamos a VV. S.as que, em virtude do não fornecimento de material objeto da Carta-Convite nº 20/2015, foram aplicadas as seguintes penalidades, conforme as Portarias nºs X e Y/2015 (cópias anexas):
> - Multa de R$ 2.500,00 (dois mil e quinhentos reais), correspondente a 10% do valor empenhado, conforme previsão do item 10 do Anexo nº 3 da Carta-Convite, e

- Suspenção do direito de licitar e impedimento de contratar com a Câmara dos Deputados, pelo período de 6 (seis) meses, de acordo com o item 4 do mesmo anexo.

Informamos que o valor será oportunamente cobrado dessa empresa.

ESTUDO DE CASO 2: Relevância social de empresa

Vencedora do Pregão nº 67/2015, a empresa Y foi formalmente convocada, em 10/02/2015, para assinatura de contrato, cujo objeto era o fornecimento de gás oxigênio medicinal para determinado hospital público, no valor global anual de R$ 9.000,00. Em decorrência de sua falta de manifestação, houve seguidas reiterações da convocação, sem que se lograsse êxito na assinatura.

Ante a urgência no fornecimento, o objeto passou a ser adjudicado à segunda colocada no certame, que assinou o contrato com a Administração em 10/05/2015.

Remeteu-se carta à empresa Y, alertando-a da intenção preliminar da Administração em:

- Aplicar a multa de R$ 900,00 (10% do valor da avença), e
- Impedi-la de licitar e contratar com a União, por até 5 (cinco) anos.

A empresa protocolizou defesa prévia, alegando que:

- as convocações formais foram recebidas por um funcionário que não deu o devido prosseguimento interno e, por conta disso, fora demitido no dia anterior;
- a organização é, hoje, a maior fornecedora de oxigênio medicinal para hospitais públicos da região Norte – não raramente a única fornecedora disponível, de modo que o impedimento irá implicar danos sociais significativos, ao obstaculizar as prorrogações contratuais e as novas avenças.

O presente caso tem o intuito, tão somente, de fomentar a análise acerca da consideração – ou não, na instrução de processos que cuidam de sanções administrativas, da relevância social que o particular detém.

Ao se restringir a análise aos fatores circunscritos pelas fronteiras do contrato, o fato de a empresa, convocada dentro do prazo de validade de sua proposta, não haver celebrado contrato tem grandes probabilidades de culminar na sanção de impedimento, haja vista ser essa conduta especificamente prevista no art. 7º da Lei nº 10.520/2002.

Não obstante, um olhar mais abrangente irá abarcar os impactos sociais decorrentes da aplicação da sanção. Um eventual impedimento irá impedir prorrogações contratuais e participações em licitações da empresa contratada, podendo suscitar crise no fornecimento de oxigênio medicinal na região Norte do País. A inquietude repousa sobre o fato de esse fator, alheio ao contrato em si, ser considerado pelo agente público na instrução do processo administrativo que cuida da sanção.

De maneira inequívoca, há argumentos passíveis de embasar ambas as óticas. De um lado, poder-se-ia argumentar que, ao considerar fatores extra-contrato, estar-se-ia agindo de encontro ao princípio da impessoalidade, conferindo-se tratamento privilegiado em virtude do vulto e do alcance das atividades conduzidas pelo particular. De outro lado, aventar-se-ia que os efeitos de determinada sanção não devem culminar em malefício para a sociedade – e para a própria Administração Pública.

A linha mestre em termos de instrução deve primar, nesse caso, pelo equilíbrio em termos de efeitos, zelando-se pela observância do princípio da legalidade ao mesmo tempo em que se busca a melhor solução para a sociedade e para a Administração. Conjetura-se que a sanção, por fim, deva ser aplicada, considerando-se o impacto social em termos de dosimetria do prazo. Há de se frisar, por óbvio, que uma eventual instrução que sugira afastar a incidência da sanção de impedimento deve ser devidamente motivada, tendo por norte a consecução do bem público.

ESTUDO DE CASO 3: Determinação da dosimetria da sanção

A empresa ABC foi contratada por determinado órgão público para o fornecimento de tomógrafos, mediante o Pregão Eletrônico nº 01/2015. A nota de empenho de despesa foi recebida pela empresa em 20/01/2015, sendo que o prazo de entrega estendia-se até 20/02 do mesmo ano.

Em 18 de fevereiro, a referida empresa ingressou com pleito de prorrogação de prazo por 30 dias, alegando que seu fornecedor teve problemas na prontificação do material. Anexou ao pedido declaração do fornecedor, sendo o pedido acatado pelo órgão público.

A três dias de vencer o novo prazo de entrega, a empresa ABC ingressou com novo pedido de prorrogação, por mais 60 dias, alegando que o material, importado, estava retido na alfândega, conforme alertado por seu fornecedor. Juntou ao pleito comprovante emitido pela Receita Federal do Brasil, atestando a veracidade do fato. Uma vez mais, o pleito foi acatado pelo órgão público.

Vencido o prazo final, a empresa não entregou o material. A despeito das mais diversas tentativas de contato, não se obteve quaisquer manifestações posteriores da contratada sobre o fato.

Desta feita, deu-se continuidade ao processo administrativo acerca da sanção cabível, sendo colhidas as seguintes informações na instrução preliminar:

- *a contratação foi decorrente de pregão;*
- *o não fornecimento do material acarretou prejuízo ao órgão, que não pode prontificar a atualização técnica de seu setor de saúde, implicando a perpetuação da baixa eficácia do setor de imagens;*
- *o valor total dos tomógrafos perfazia o montante de R$ 3 (três) milhões de reais;*
- *a empresa estava suspensa, por 2 anos, com outro órgão da mesma esfera federativa;*
- *o histórico da empresa revelava uma multa por atraso, em outro processo, junto ao órgão contratante.*

O intuito do presente estudo de caso é a prática da proposição de prazo para a vigência da sanção.

Uma vez sendo a modalidade licitatória o pregão, a sanção a ser aplicada – independentemente de multa – é o impedimento (art. 7º da Lei nº 10.520/2002).

Consoante modelo proposto neste Capítulo, o **prazo-base** para a proposição da sanção equivale ao da repetição do certame pela Administração. No caso do pregão, estima-se que tal interstício aproxime-se de 180 (cento e oitenta) dias.

Prazo estimado para uma nova contratação	
Prorrogações concedidas	Valor do objeto
Gravidade e criticidade da inexecução	Idoneidade

Depreende-se, do cenário apresentado, que foram ainda concedidos 90 (noventa) dias de **prorrogação** à empresa, sem que se lograsse êxito na entrega, ao final. Durante este intervalo, perpetuou-se uma expectativa, pela Administração, de cumprimento do objeto. Caso não houvesse a prorrogação, o órgão público teria antecipado sua iniciativa com vistas à aquisição dos tomógrafos por caminho alternativo: convocação dos demais licitantes, ou até mesmo outro procedimento licitatório. Destarte, uma vez mais guiado pelo modelo proposto, "devolve-se" esse prazo ao particular, somando-se ao prazo-base.

O **valor do objeto** – três milhões de reais – é passível de ser considerado de elevado vulto. Poder-se-ia, a depender de critérios previamente definidos pelo órgão que estabelecessem uma correlação entre valores dos objetos e prazos adicionais de vigência de sanção, acrescer o interstício da penalidade. No caso em pauta, julga-se como razoável o acréscimo de 90 dias.

Pela inexecução, o órgão sofreu **prejuízo** afeto à impossibilidade de prontificação da atualização técnica de seu setor de saúde, implicando a perpetuação da baixa eficácia do setor de imagens. Tal fato deve, seguramente, acrescer prazo à vigência da sanção. Não obstante, o quanto de prazo acrescer não pode prescindir de juízo qualitativo (subjetivo). Motivando tal correlação – de preferência categorizando o prejuízo em leve, moderado ou grave – faz-se a devida proposição. No caso em análise, sugere-se (sim, é sempre uma sugestão), o prazo adicional de 120 dias.

A inidoneidade da empresa, *a priori*, não restou comprovada. Ademais, o histórico de sanções pretéritas não deve ser levado em consideração para fins de majoração da penalidade, haja vista que implicaria a empresa ser sancionada mais de uma vez pela mesma conduta. Por conseguinte, a sugestão de prazo para o impedimento, devidamente motivado, somaria 480 dias (ou 16 meses).

REFERÊNCIAS

ABBAD, G.; BORGES-ANDRADE, J. E. Aprendizagem humana em organizações de trabalho. In: ZANELLI, J. C.; BORGES-ANDRADE, J. E.; BASTOS, A. V. B. (orgs.) *Psicologia, organizações e trabalho no Brasil*, p. 237 – 275. Porto Alegre: Artmed, 2004.

ADAMS, W. M. *The Future of Sustainability: Re-thinking environment and development in the twenty-first century*. Report of the international union for the conservation of nature renowed thinkers meeting, 29-31 January 2006. Disponível em: <http://cmsdata.iucn.org/downloads/iucn_future_of_sustanability.pdf>. Acesso em: 30 ago. 2015.

ANDRADE, R. E. *O preço na ordem ético-jurídica*. Campinas: Edicamp, 2003.

BARON, R. M.; KENNY, D. A. The moderator-mediator variable distinction in social psychological research: conceptual, strategic, and statistical considerations. *Journal of Personality and Social Psychology*, v. 51, nº 6, p. 1173-1182, 1986.

BARROS, B. T.; PRATES, M. A. S. *O estilo brasileiro de administrar*. São Paulo: Atlas, 1996.

BRASIL. Constituição (1988). Constituição da República Federativa do Brasil. Brasília, DF, Senado Federal, 1988.

_____. Decreto nº 99.658, de 30 de outubro 1990. Regulamenta, no âmbito da Administração Pública Federal, o reaproveitamento, a movimentação, a alienação e outras formas de desfazimento de material. Disponível em: <http://www.planalto.gov.br/ccivil_03/decreto/Antigos/D99658.htm>. Acesso em: 01 jul. 2015.

_____. Decreto nº 5.450, de 31 de maio de 2005. Regulamenta o pregão, na forma eletrônica, para aquisição de bens e serviços comuns, e dá outras providências. Disponível em: <http://www.planalto.gov.br/ccivil_03/_ato2004-2006/2005/decreto/d5450.htm>. Acesso em: 10 jul. 2015.

_____. Decreto nº 7.892, de 23 de janeiro de 2013. Regulamenta o Sistema de Registro de Preços previsto no art. 15 da Lei nº 8.666, de 21 de junho de 1993. Disponível em: <http://www.planalto.gov.br/ccivil_03/_ato2011-2014/2013/Decreto/D7892.htm>. Acesso em: 15 jun. 2015.

_____. Lei nº 8.666, de 21 de junho de 1993. Regulamenta o art. 37, inciso XXI, da Constituição Federal, institui normas para licitações e contratos da Administração Pública e dá outras providências. Disponível em: <http://www.planalto.gov.br/ccivil_03/leis/l8666cons.htm>. Acesso em: 05 jun. 2015

_____. Lei nº 10.520, de 17 de julho de 2002. Institui, no âmbito da União, Estados, Distrito Federal e Municípios, nos termos do art. 37, inciso XXI, da Constituição Federal, modalidade de licitação denominada pregão, para aquisição de bens e serviços comuns, e dá outras providências. Disponível em: <http://www.planalto.gov.br/ccivil_03/leis/2002/l10520.htm>. Acesso em: 05 jul. 2015.

_____. Lei Complementar nº 123, de 14 de dezembro de 2006. Institui o Estatuto Nacional da Microempresa e da Empresa de Pequeno Porte, e dá outras providências. Disponível em: <http://www.planalto.gov.br/ccivil_03/leis/LCP/Lcp123.htm>. Acesso em: 1º set. 2015.

_____. Lei nº 12.305, de 2 de agosto de 2010. Institui a Política Nacional de Resíduos Sólidos e dá outras providências. Disponível em: <http://www.planalto.gov.br/ccivil_03/_ato2007-2010/2010/lei/l12305.htm>. Acesso em: 02 set. 2015.

_____. Lei nº 12.462, de 4 de agosto de 2011. Institui o Regime Diferenciado de Contratações Públicas – RDC e dá outras providências. Disponível em: <http://www.planalto.gov.br/ccivil_03/_ato2011-2014/2011/Lei/L12462.htm>. Acesso em: 16 jul. 2015.

_____. Lei Complementar nº 147, de 7 de agosto de 2014. Altera a Lei Complementar nº 123, de 14 de dezembro de 2006 e dá outras providências. Disponível em: <http://www.planalto.gov.br/ccivil_03/leis/lcp/Lcp147.htm>. Acesso em: 1º mar. 2015.

_____. Tribunal de Contas da União. *Licitações e contratos: orientações e jurisprudência do TCU*, 4ª ed. Brasília: TCU, Secretaria-Geral da Presidência: Senado Federal, Secretaria Especial de Editoração e Publicações, 2010.

_____. Advocacia-Geral da União. *Guia prático de licitações sustentáveis da consultoria jurídica da União no estado de São Paulo – AGU*, 3ª ed. São Paulo: mar. 2013. Disponível em: <http://www.agu.gov.br/page/content/detail/id_conteudo/138067>. Acesso em: 03 set. 2015.

CÂMARA DOS DEPUTADOS. *Manual de aquisição da câmara dos deputados*. Brasília: abr. 2007. Disponível em: <http://www2.camara.leg.br/transparencia/concursos/concursos-novos/manual-de-aquisicoes>. Acesso em: 1º jun. 2015.

CARBONE, P. P. Cultura organizacional no setor público brasileiro: desenvolvendo uma metodologia de gerenciamento da cultura. *Revista de Administração Pública*, v. 34, nº 2, p. 133-144, 2000.

CHETTY, S. K.; STANGL, L. M. Internationalization and innovation in a network relationship context. *European Journal of Marketing*, v. 44, nº 11/12, p. 1.725-1.743, 2010.

COSTA, A. L. Sistemas de compras no Brasil: a lei de licitação e a função compras da empresa privada. *Revista do Tribunal de Contas da União*, v. 31, nº 35, p. 27-41, 2000.

COSTA, E. L. C. *As Licitações sustentáveis na ótica do controle externo*. Instituto Serzedello Corrêa – ISC / TCU. Brasília, 2011.

CROSBY, P. B. *Qualidade é investimento*. New York: McGraw Hill, 1986.

CRUZ, A. B.; FERNANDES, E.; LIMA, S.; ARAÚJO, R. S. B. *Uma abordagem comparativa do gerenciamento da qualidade do projeto*. XXVI ENEGEP, out. 2006.

DAMATTA, R. *O que faz o Brasil, Brasil?* Rio de Janeiro: Rocco, 1986.

DEFRA – Department for environment, food and rural affairs. *Sustainable procurement national action plan: recommendations from the sustainable procurement task force*. London: DEFRA, 2006.

DRUCKER, P. F. *Inovação e espírito empreendedor:* prática e princípios. São Paulo: Editora Pioneira, 1987.

ERDMENGER, C. *Buying into the environment: experiences, opportunities and potential for eco-procurement*, 1st ed. Greenleaf Publishing Limited, 2003.

FENILI, R. R. *Administração pública para concursos: abordagem completa*. 2ª ed. Rio de Janeiro: Impetus, 2014.

_____. *Administração de Recursos Materiais e Patrimoniais: Abordagem Completa*. 3ª ed. São Paulo: Ed. Método, 2014.

Referências

FREITAS, A. B. Traços brasileiros para uma análise organizacional. In: MOTTA, F. C. P.; CALDAS, M. P. (Orgs.). *Cultura organizacional e cultura brasileira*, São Paulo: Atlas, 1997.

FORTINI, C.; PEREIRA, M. F. P. C.; CAMARÃO, T. M. C. *Licitações e contratos: aspectos relevantes*, 2ª ed. Editora Fórum, 2008.

GONÇALVES, R. A internacionalização da produção: uma teoria geral? *Revista de Economia Política*, v. 4, nº 1, 1984.

HOFSTEDE, G. Multilevel research of human systems: flowers, bouquets and gardens. *Human Systems Management*, v. 14, p. 207-217, 1995.

HOLANDA, S. B. *Raízes do Brasil*. São Paulo: Companhia das Letras, 1995.

HRONEC, S. M. *Sinais vitais: usando medidas de desempenho da qualidade, tempo e custo para traçar a rota para o futuro da empresa*. São Paulo: Makron, 1994.

JACOBY FERNANDES, J. U. *Como comprar da micro e pequena empresa*. Brasília: SEBRAE, 2008.

JUSTEN FILHO, M. Desenvolvimento nacional sustentado: contratações administrativas e o regime introduzido pela Lei nº 12.349/10. *Informativo Justen, Pereira, Oliveira e Talamini*. Curitiba, nº 50, 2011. Disponível em: <http://www.justen.com.br//informativo.php?&informativo=50&artigo=1077&l=pt>. Acesso em: 20 jun. 2015.

_____. *Comentários à lei de licitações e contratos administrativos*. São Paulo: Dialética, 2008.

_____. *Comentários à lei de licitações e contratos administrativos*. 14ª ed. São Paulo: Dialética, 2010.

_____. *Comentários à lei de licitações e contratos administrativos*. 15ª ed. Dialética, 2012

_____. *Comentários à legislação do pregão comum e eletrônico*. 6ª ed. Dialética, 2013.

LIMA, D. H.; VARGAS, E. R. Estudos internacionais sobre inovação no serviço público: como a teoria da inovação em serviços pode contribuir? *Revista de Administração Pública*, v. 46, nº 2, p. 385-401, 2012.

MACHADO, J. G. *Gestão ambiental na administração pública: a mudança dos padrões de consumo "começa em casa"*. Dissertação de mestrado em desenvolvimento sustentável. Centro de Desenvolvimento Sustentável, Universidade de Brasília, 2002.

MAGALHÃES, M. N.; LIMA, A. C. P. *Noções de probabilidade e estatística*. 6ª ed. São Paulo: Editora da Universidade de São Paulo, 2004.

MEEHAN, J.; BRYDE, D. Sustainable procurement practice. *Business Strategy and the Environment*, v. 20, p. 94-106, 2011.

MEIRELLES, H. L. *Direito administrativo brasileiro*. 29ª ed. São Paulo: Malheiros, 2003.

MORETTIN, P. A.; BUSSAB, W. O. *Estatística básica*. 5ª ed. São Paulo: Saraiva, 2004.

MORRIS, M. H.; JONES, F. F. Entrepreneurship in established organizations: the case of the public sector. *Entrepreneurship Theory and Practice*, v. 24, nº 1, p. 71-91, 1999.

MWITA, J. I. Performance management model – a systems-based approach to public service quality. *The International Journal of Public Sector Management*, v. 13, nº 1, p. 19 – 37, 2000.

OCDE. *Manual de Oslo: proposta de diretrizes para coleta e interpretação de dados sobre inovação tecnológica*, 3ª ed. Traduzido pela Financiadora de Estudos e Projetos (FINEP), 2005.

ONU. *Relatório Brundtland – nosso futuro comum*. Comissão Mundial sobre Meio Ambiente e Desenvolvimento da Organização das Nações Unidas, 1987.

PNUMA, PROGRAMA DAS NAÇÕES UNIDAS PARA O MEIO AMBIENTE. *Caminhos para o desenvolvimento sustentável e a erradicação da pobreza: síntese para os tomadores de decisão*. PNUMA, 2011.

PEREIRA JUNIOR, J. T. *Comentários à lei de licitações e contratações da administração pública.* 5ª ed. São Paulo: Renovar, 2002.

PEREIRA, L. C. B. *A administração pública gerencial: estratégia e estrutura para um novo Estado.* Brasília: MARE/ENAP, 1996.

PIRES, J. C. S.; MACÊDO, K. B. Cultura organizacional em organizações públicas no Brasil. *Revista de Administração Pública*, v. 40, nº 1, p. 81-105, 2006.

PRADO JÚNIOR, C. *História econômica do Brasil*, 41ª ed. São Paulo: Brasiliense, 1994.

ROGERS, D. S.; TIBBEN-LEMBKE, R. S. *Going backwards: reverse logistics practice.* Reno: University of Nevada, Center for Logistics Management, 1999.

SCHEIN, E. *Cultura organizacional e liderança.* São Paulo: Atlas, 2009.

SCHUMPETER, J. A. *Teoria do desenvolvimento econômico: uma investigação sobre lucros, capital, crédito, juro e o ciclo econômico.* São Paulo: Abril Cultural, 1983.

_____. *Capitalismo, socialismo e democracia.* Rio de Janeiro: Zahar, 1984.

SILVA, P. *Vocabulário jurídico*, v. III. Rio de Janeiro: Forense, 1989.

SONNENTAG, S.; FREESE, M. Performance concepts and performance theory. In: SONNENTAG, S. (Eds.) *Psychological management of individual performance*, p. 3-25. New York: Wiley, 2002.

STROPPA, C. D. C. Licitação sustentável. In: 9º Seminário Internacional de Compras Governamentais e Sustentabilidade, 2009. Disponível em: <http://licitacao.uol.com.br/9seminario/downloads.asp>. Acesso em: 1º set. 2015.

TEIXEIRA, M. F. F. B. *Desafios e oportunidades para a inserção do tripé da sustentabilidade nas contratações públicas: um estudo dos casos do Governo Federal Brasileiro e do Governo do Estado de São Paulo.* Dissertação de Mestrado. Universidade de Brasília, Centro de Desenvolvimento Sustentável, 2013.

THEIS, T.; TOMKIN, J. *Sustainability: a comprehensive foundation.* Houston, Texas, Rice University, 2012. Disponível em: <http://cnx.org/content/col11325/1.43/>. Acesso em: 20 ago. 2015.

Rua Alexandre Moura, 51
24210-200 – Gragoatá – Niterói – RJ
Telefax: (21) 2621-7007
www.impetus.com.br

Esta obra foi impressa em papel offset 75 g/m²